行為心理學家：人都有某些共通天性，順著這些天性做事最不費力

198個人性法則拆穿行為背後動機，還你最赤裸真實的「心」真相



# 心理定律

## 引爆人類智慧光芒的198個人性法則

林懷恪 編著

華志文化

# 序言　心理定律的198個人性法則

在這個瞬息萬變、資訊爆炸的時代，你讀了什麼樣的書，就會產生什麼樣的思維，進而決定了你未來的命運。這是一本濃縮了人類智慧精華的鉅著，這「一百九十八則的人性法則」，像人類的一面鏡子，透過它，你可以瞭解人類的種種「陋習」。

本書選取的「一百九十八則人性法則」，涵蓋個人的發展目標及公司發展的指標，這些定律就像人類智慧的一盞明燈，透過它，你可以瞭解紛繁複雜的智慧真相，

在茫茫大海的經商叢書中，能打開本書是你的幸運，想想看這世界有多少人在茫然中辛苦學習，縱然他們翻閱了無數成功學的經商書籍，尋遍各種導引成功的道路，仍毫無方向。真正對你有價值的是這些知識，它們經過時間的歷練，經過無數人的經驗而成為亙古不變的「黃金法則」。因此有了它你將……

- 可以輕易地完成工作，獲得晉升。
- 可以享受簡單生活，讓生活更豐富，充滿活力。
- 可以讓自己的事業蒸蒸日上、贏得更多得利潤。
- 可以避免慘痛的錯誤、讓自己的團隊和諧且高效率地運作。

經過無數的事實證明，只要你能掌握並運用本書中的一百九十八則人性法則，它將會改變你的命運，突破你一生的頓悟，並使你的命運發生無窮的變化！

# 目錄

**第一章 人際篇**
1. 互惠原則／11
2. 翹翹板原則／12
3. 照鏡子定律／13
4. 第一印象效應／14
5. 模仿效應／15
6. 視網膜效應／16
7. 刺蝟定律／17
8. 親和效應／18
9. 投射效應／19

**第二章 心理篇**
10. 旁觀者效應／21
11. 短缺效應／22
12. 凡勃倫效應／23
13. 莫非定律／24
14. 懶螞蟻效應／25
15. 三分之一效應／26
16. 狼群法則／27
17. 馬太效應／28
18. 破窗效應／29
19. 定型效應／30
20. 格雷欣法則／31
21. 路徑依賴／32
22. 激勵的倍增效應／33
23. 從眾效應／34
24. 權威暗示效應／35
25. 吞鉤現象／36
26. 槓桿原理／37
27. 富翁和狼效應／38
28. 狐狸法則／40
29. 空白效應／42
30. 約拿情結／44
31. 修路原則／45
32. 貝勃定律／46
33. 觀眾效應／47
34. 費斯諾定理／48

**第三章 管理篇**
35. 狄德羅效應／50
36. 倒U形假說／51
37. 競爭優勢效應／52
38. 基利定理／53
39. 冰淇淋哲學／54
40. 水壩式經營／55
41. 標竿管理／56
42. 自吃幼崽效應／57
43. 巴菲特定律／58
44. 哈默定律／59
45. 大拇指定律／60
46. 最大笨蛋理論／61

47. 宇宙法則／62
48. 二八定律／63
49. 戈森定律／64
50. 阿爾巴德定理／65
51. 自來水哲學／66
52. 杜拉克原則／67
53. 熱爐規則／68
54. 日清日畢定律／69
55. 多米諾效應／70
56. 波特定理／71
57. 雷尼爾效應／72
58. 古狄遜定理／73
59. 拜倫法則／74
60. 赫勒法則／75
61. 吉德林法則／76
62. 百人規則／78
63. 柯希納定律／80
64. 奧卡姆剃刀／81
65. 彼得原理／82
66. 俄羅斯套娃定律／84
67. 蘑菇管理原則／85
68. 帕金森定律／86
69. 華盛頓合作定律／87
70. 需求層次理論／88
71. 洛克忠告／90
72. 共生效應／92
73. 霍茲華斯法則／93
74. 史密斯原則／94
75. 韋爾奇原則／95
76. 海潮效應／96
77. 橫山法則／97
78. 溝通的位差效應／98
79. 霍桑效應／99
80. 藍斯登定律／100
81. 布羅克法則／101
82. 吉伯特定律／102
83. 德尼摩定律／103
84 皮京頓定理／104
85. 手錶定律／105
86. 薩迪定律／106
87. 參與定律／108
88. 霍布森選擇效應／109
89. 瑪麗法則／110
90. 酒井法則／111
91. 克倫特定理／112
92. 斯隆法則／113
93. 德西效應／114
94. 菲米尼論斷／116
95. 女褲理論／118
96. 比馬龍效應／120
97. 柯美雅定律／122
98. 馬蠅效應／123
99. 鯰魚效應／124
100. 犬獒生存法則／125

101.木桶定律／126
102.目標置換／128
103.南風法則／129
104.二五〇定律／130
105.沃爾森法則／132
106.卡貝定律／133
107.啤酒效應／134
108.機會成本／135

第四章 謀略篇

109.零和遊戲／137
110.認知對比原理／138
111.奧狄思法則／140
112.居家效應／142
113.回報性原理／144
114.歐弗斯托原則／146
115.逆向操作原則／148
116.停損法則／150
117.博弈規則／152
118.納許均衡／154
119.限額理論／156
120.冷熱水效應／157
121.承諾效應／158
122.托利得定理／160
123.沉默效應／161
124.門面效應／162

第五章 廣告篇

125.布里特定理／164
126.伯內特定理／165
127.拉圖爾定律／166
128.赫斯定律／168
129.錢的問題／169
130.羅密歐茱麗葉效應／170

第六章 教育篇

131.鴕鳥理論／172
132.尊重效應／174
133.甘地夫人法則／176
134.沉沒成本／178
135.天賦遞減法則／180
136.強化定律／182
137.奇妙的「7」／184
138.棉花糖實驗／186
139.培哥效應／188
140.期望效應／190
141.超限效應／192
142.自然懲罰法則／193
143.野鴨子定律／194

第七章 勵志篇

144.幸福公式／196
145.攀比效應／197
146.弗洛姆效應／198

147. 蘭塞姆定律／200
148. 瓦倫達心態／201
149. 魯尼恩定律／202
150. 巴拉昂遺囑／204
151. 迪斯忠告／206
152. 卡瑞爾公式／208
153. 杜利奧定理／210
154. 青蛙效應／212
155. 吉寧定理／213
156. 塞里格曼效應／214
157. 比倫定律／216
158. 威克效應／218
159. 踢貓效應／220
160. 摩斯科定理／222
161. 冰山定律／223
162. 鳥籠邏輯／224
163. 思維定勢／225
164. 鰷魚效應／226
165. 比林定律／228
166. 小池定理／230
167. 列文定理／231
168. 王安論斷／232
169. 蛻皮效應／233
170. 佛洛斯特法則／234
171. 巴納姆效應／236
172. 舍恩定理／238
173. 一分鐘效應／240
174. 納爾遜原則／242
175. 盪秋千原理／243
176. 臨界點效應／244
177. 吉格勒定理／245
178. 貝爾效應／246
179. 毛毛蟲理論／248
180. 燈塔效應／250
181. 跨欄定律／251
182. 電通原則／252
183. 古特雷定理／253
184. 隧道視野效應／254
185. 布利斯定理／256
186. 蔡戈尼效應／257
187. 分馬啟示／258
188. 藍斯登原則／259
189. 六度分離理論／260
190. 十羊九牧定律／261
191. 心理暗示效應／262
192. 盧維斯定理／263
193. 酸檸檬效應／264
194. 章魚規則／265
195. 洛克定律／266
196. 跳蚤效應／267
197. 傷痕實驗／268
198 杜根定律／269

# 第一章　人際篇

## 001

# 互惠原則

當他人做出友好姿態以示接納和支持我們時，我們會覺得「應該」對別人報以相應的行為，進而產生一種心理壓力，迫使我們對他人也做出相應的友好姿態。否則，我們以某種觀念為基礎的心理平衡就會被破壞，我們就會感到不安。

在問他人能給與我們什麼之前，先問自己能給與他人什麼？

人是三分理智、七分情感的動物。大量研究發現，人際關係的基礎是人與人之間的相互重視與相互支持。也就是人們常說的「給予就會被給予，剝奪就會被剝奪；信任就會被信任，懷疑就會被懷疑；愛就會被愛，恨就會被恨。」這就有了互惠原則。

當他人做出友好姿態以示接納和支持我們時，我們會覺得「應該」對別人報以相應的行為，進而產生一種心理壓力，迫使我們對他人也做出相應的友好姿態。否則，我們以某種觀念為基礎的心理平衡就會被破壞，我們就會感到不安。

## 002 翹翹板原則

人與人之間的互動，就像坐翹翹板一樣，不能永遠固定在某一高度，只有高低交替，整個過程才會好玩，才會有趣，才會快樂！一個永遠不願吃虧、不願讓步的人，即使得到不少好處，也不會快樂的。

「助人為快樂之本」這句話做了最貼切的詮釋，人與人之間的互動，就像坐翹翹板一樣，不能永遠固定在某一高度，只有高低交替，整個過程才會好玩，才會快樂！一個永遠不願吃虧、不願讓步的人，即使得到不少好處，也不會快樂。因為，自私的人如同坐在一個靜止的翹翹板頂端一般，雖然維持了高高在上的優勢位置，但整個人際互動卻失去了應有的樂趣，對自己或對方來說，都是一種遺憾。

所以，「翹翹板原則」是我們在同僚、朋友、夫妻……之間相處時，不可缺少的一門藝術，學會此原則將可增添人生上的種種優勢。

## 003 照鏡子定律

你怎麼看世界，世界就怎麼看你。你是怎樣的，你的世界就是怎樣的。你喜歡別人，別人也會喜歡你；你不喜歡別人，別人也不會喜歡你。你愛錢，錢也會愛你；你不愛錢，錢也不會愛你。

看人就像照鏡子，看到的都是自己。說別人的是非就像是對著山谷罵，罵聲總會反彈到自己耳邊。

在人際交往中，每個人都希望遇到天使般熱情善良的人，為自己帶來幸運和快樂，而不喜歡和冷漠兇惡的人打交道。但是，在現實生活中，天使和魔鬼同在，有時候，善良的天使也可能會變得和魔鬼一樣，而兇惡的魔鬼也可能會像天使一般。那麼，我們該如何讓自己多遇到一些天使，而少遇到一些魔鬼呢？

在生活與工作中，常有人抱怨環境或周圍的人與自己不融洽，所以就想藉由換個工作環境，或結交新朋友來改變尷尬的境遇。但是他們卻很少反省：自己人際關係的不順暢或職場的不如意，究竟是自己的因素，還是別人的因素所造成的呢？

把別人想像成天使，你就不會遇到魔鬼。

004

# 第一印象效應——心理學家庫利、戈夫曼

最初接觸到的資訊所形成的印象，對日後的行為活動和評價有著直接的影響。人只要神志正常，沒有不要面子的，都想在人前保持「形象」，他甚至願意為此付出一定代價。

兩個素不相識的人，第一次見面時彼此留下的印象，對日後的行為活動和評價有著直接的影響，心理學家稱這種影響為「首因效應」，亦稱「第一印象效應」。「首因效應」是雙方再次交往的依據，如果當下留下的是正面、良好的印象，人們會希望繼續交往，增進關係；而若是負面、不好的印象，人們則拒絕繼續交往。

第一印象效應在生活中具有很大作用，留下良好的第一印象是眾人皆知的道理。根據第一印象效應，心理學家庫利、戈夫曼等人提出了印象管理，認為一個個個體總是希望獲得別人或社會的贊同，並想控制社會交往的結果。所以，我們每個人都非常注意自己在他人面前和社交場合中的形象。這種形象包括語言、儀態、穿著、動作等。

因此，我們一方面要透過提高自身修養來塑造良好形象，另一方面，我們還必須懂得「以貌取人，失之子羽」和「士別三日，刮目相看」的道理，防止犯上「印象病」。

# 005 模仿效應

人們喜歡與自己相似的人，掌握了這個原則，我們要取得別人的好感就有捷徑可走。我們只需模仿他人的行為就能增進情感，並能鞏固與當事人之間的關係。

心理學家發現，人們在下意識裡喜歡那些與自己相似的人。不管他們是在行為、觀點、興趣愛好，還是生活方式上與我們相似，又或者僅僅是共處於同一個區域，這些都會使我們對他們心存好感。許多研究證實，相似性與喜歡之間有直接聯繫。受試者認為，他人越是與自己相似，自己便越是喜歡這個人。在一項研究中，研究開始時那些在信念、價值觀和個性品質上相似的人，在研究結束時都成為了好朋友。

心理學家對相似性原則有兩種解釋：一種解釋認為，相似的人肯定了我們自己的信念、價值觀和個性品質。相似的信念、價值觀和個性品質發揮了正強化作用，而不相似的信念、價值觀和個性品質則產生負強化的作用。這種正負強化作用透過條件反射過程與具有這些特點的人聯繫起來，結果就造成了人們喜歡與自己相似的人。

不管心理學家做什麼解釋，人們喜歡與自己相似的人是毋庸置疑的。

006

# 視網膜效應

當我們自己擁有一件東西或一項特徵時，我們就會比平常人更加注意到別人是否跟我們一樣具備這種特徵。看到自己的優點，才能看到別人的長處。

卡內基先生很久以前就提出一個論點，那就是每個人的特質中大約有百分之八十是長處或優點，而百分之二十左右是我們的缺點。當一個人只知道自己缺點是什麼而不知發掘優點時，「視網膜效應」就會促使這個人發現他身邊也有許多人擁有類似的缺點，進而使得他的人際關係無法改善，生活也不快樂。有沒有發現那些常罵別人很兇的人，其實自己脾氣也好不到哪裡去？這就是「視網膜效應」的影響力。

一個人要人緣好、受人歡迎，一定要養成欣賞自己與肯定自己的能力。因為在「視網膜效應」的運作下，一個看到自己優點的人，才有能力看到他人的可取之處。能用積極態度看待他人，往往是良好人際關係的必備條件。所以，從現在起，學習欣賞自己的優點和長處吧！

007

# 刺蝟定律

在日常的工作、學習和生活中要把握分寸，堅持適度的原則，防止不顧分寸、盲目衝撞的思想和行為。保持適當的距離，才能保持理想的熱度。

心理學研究認為：經營者要處理好工作，應該與員工保持心理距離，如此既可以獲得員工的尊重，也可以避免員工之間的嫉妒和緊張。

你總有想一個人獨處的時候，別人也有不喜歡被打擾的時候，距離是一種美，也是一種保護。感情能滋養人心，也會傷害人心，不管是血濃於水的親情，還是海誓山盟的愛情，都可能在不經意間刺痛對方。就像刺蝟的相處，當牠們相隔遙遠時，會感到寒意襲人，使牠們不由自主的靠近；但當牠們緊靠在一起，以為可以得到安全和溫暖時，卻又難以忍受彼此的長刺，那椎心的疼痛，竟來自於自己信任和期待的對方，於是牠們又會各自分散。

留出距離就是為彼此的感情空出一個足以盛放的空間。為何有朋自遠方來，不亦悅乎？遠方的距離承載了更多的嚮往和更多的牽掛，距離換取的是更多的珍惜，而不是摩擦。留出一點距離，讓彼此在各自的空間中，享受獨處的靜謐吧！

008

# 親和效應

人們在人際交往和認知過程中，往往存在一種對於自己較為親近的對象會更加樂於接近的傾向。在心理定勢作用下，「自己人」間的相互交往與認知，必然在深度、廣度等各方面，都超過「非自己人」間的交往與認知。

人們在人際交往和認知過程中，往往存在一種傾向，即對於自己較為親近的對象，會更加樂於接近。人際交往與認知過程中，較為親近的對方，稱為「自己人」，指的是那些與自己有著某些共同之處的人。這種共同之處，可以是血緣、姻緣、地緣、學緣、業緣關係，可以是志向、興趣、愛好、利益，也可以是彼此共處於同一團體或同一組織。

在現實生活中，人們往往更喜歡將那些與自己志趣相投、利益一致，或者同屬於某一團體、組織的人視為「自己人」。在其他條件大致相同的情況下，所謂「自己人」之間的交往效果，往往會更為明顯，其相互之間的影響通常也會更大。

在交際應酬中，人們往往會因為彼此間存在著某種共同或近似之處，感到彼此更容易接近。而這種接近，通常又會使彼此之間萌生親切感，相互體諒。交往雙方由接近到親密、由親密再到進一步接近的這種相互作用，就是所謂的「親和效應」。

009

# 投射效應

人們在日常生活中，常常不自覺的將自己的心理特徵（如個性、好惡、欲望、觀念、情緒等）投射到別人身上，認為他人也具有同樣的特徵。

投射效應經常發生在兩種情況下：一是當別人各方面的條件與自己相似時，如年齡、性別、學歷等，就會產生一種「試比高低」的衝動或欲望；二是當自己有不稱心的事時，就把一些問題轉移到別人身上，以求心理平衡。由於「投射效應」，我們常常可以從一個人對別人的看法中，來推測這個人的真正意圖或心理特徵。

由於人都有一些相同的欲望和要求，所以，在某些情況下，我們會對別人做出正確的推測，不少商家也利用人們的投射心理獲得了成功。但是，人與人之間畢竟有差別，因此，推測也會有出錯的時候。在日常生活中，我們常常錯誤的將自己的想法和意願投射到別人身上：自己喜歡的人，以為別人也喜歡，因此總是疑神疑鬼，莫名其妙亂吃飛醋；父母也總是喜歡依自己意願來為子女鋪設前途、選擇學校和職業……

只是，當我們錯誤的將自己的想法和意願投射到別人身上時，不但會為自己帶來麻煩，同時也為別人帶來無窮的煩惱和痛苦，甚至造成無法彌補的損失。

# 第二章　心理篇

# 010 旁觀者效應——心理學家巴里、拉塔內

為什麼一樁樁旁觀者眾多卻「見死不救」的事件會頻頻發生？這種社會現象產生的原因之一，就在於「旁觀者效應」。若單純將「見死不救」的心態歸結為世態炎涼、人心不古的社會風氣，或旁觀者集體性格缺陷的結果，是片面的、孤立的，也是不科學的。

一九六四年春天在紐約市皇后區發生了一件聳人聽聞的謀殺案，被害者凱蒂．吉諾維斯（Kitty Genovese）被人追砍，而三十八位住在附近公寓的目擊者，沒有報警，也沒有出聲阻止，大家只是眼睜睜看著街頭「上演」類似電視影集的一場「逼真」謀殺劇而已！兩位心理學家將這種現象稱為「旁觀者介入緊急事態的社會抑制」，簡而言之，就是「旁觀者效應」。他們認為：「正是因為在一種緊急事件中有其他的目擊者在場，才使每一位旁觀者都無動於衷，旁觀者更可能是在觀察其他旁觀者的反應，因此人們不能主觀的判斷這些人存在病態的性格缺陷。」

如此一來，便不難解釋為什麼一樁樁旁觀者眾多卻「見死不救」的事件會頻頻發生了。這種社會現象產生的原因之一，就在於「旁觀者效應」。每個人都期待著他人伸出援手，使自己不需承擔救援的風險與責任，結果就是最後根本沒人伸出援手。

011

# 短缺效應

物品的稀少性和唯一性會提高其在人們眼中的價值；所以當一樣東西非常稀少或者即將變得稀少時，它的價值就會上升。當人們知道什麼產品可能買不到時，就將會搶購它，以留下永久的紀念。

二〇〇五年四月二日晚，梵蒂岡天主教教宗保羅二世與世長辭。保羅二世一生成就顯赫，從對抗消費主義到反對墮胎，他給人們帶來了巨大的影響。消息一經發表，就發生了一件讓人無法解釋的怪事：人們紛紛湧向商店，把咖啡杯和銀勺之類的紀念品搶購一空。

一般來說，稀少的東西會變得更有價值。心理學研究也證實，物品的稀少性和唯一性會提高其在人們眼中的價值。當人們得知某樣東西很稀少，並且限時限量供應時，就越渴望擁有該物品。搶購的人們就是抱著這種心理才去購買的。

通常來說，稀少的東西在人們眼中更有價值，愈稀少對人們就顯得愈更有吸引力。

## 012 凡勃倫效應——美國制度學派經濟學家凡勃倫

有時，消費的目的並非為了獲得物質滿足與產品的實際功能，而更多是為了一種社會心理上的滿足。這類商品價格訂得越高，需求者反而越願意購買，因為只有如此，才能顯示出購買者的富有、地位，令他們有優越感。

有一位珠寶店經理在旅遊旺季進了一批瑪瑙石珠寶，售價也不貴，可以說是物超所值。然而，商店裡雖然顧客盈門，但那批瑪瑙石珠寶卻怎麼也賣不出去。她想了各種方法來吸引顧客，以進行促銷，但是這些方法都收效甚微。

後來，她有事要離開，臨走時她給店員留了一張便條，讓店員將那批瑪瑙石珠寶以二分之一的價格處理掉，卻因字跡潦草，使店員誤將便條上的「1／2」錯看成了「2」。誰知提價後的瑪瑙石珠寶反而受到顧客的熱烈歡迎，很快銷售一空。

其實這些顧客只是受到「凡勃倫效應」的影響，即存在於消費者身上的一種商品價格越高，反而越願意購買的消費傾向。由於消費者可能是想要透過使用價格高昂、優質的精品來引人注目，具有一定的炫耀性，因而這種現象又被稱作「炫耀性消費」。

由於人們普遍存在著這種炫耀與「昂貴＝優質」的心理，精明的商家便抓住人們的這種心理，提高定價，厚利也可多銷。

013

# 莫非定律——美國上尉莫非

如果壞事情有可能發生，不管這種可能性多麼小，它總會發生，並引起最大可能的損失。

莫非定律緣於美國一位名叫莫非的上尉，他認為他的一位同事是個倒楣鬼，於是他不經意說了句笑話：「如果一件事情有可能變得更糟，讓他去做就一定會更糟。」結果這句話迅速流傳，並擴散到世界各地。在流傳擴散的過程中，這句玩笑話逐漸失去它原本的意思，延伸出成各種含意，其中最廣為人知的是：「如果壞事情有可能發生，不管這種可能性多麼小，它總會發生，並引起最大可能的損失。」

人永遠也不可能成為上帝，莫非定律告訴我們，容易犯錯是人類與生俱來的弱點，不論科技多麼發達，事故都會發生。當你妄自尊大時，莫非定律會讓你知道厲害，我們都有這樣的感受：解決問題的手段愈高明，面臨的麻煩就愈嚴重。反之，如果你承認自己的無知，莫非定律會幫助你做得更嚴密些。所以，我們在做事前應盡可能設想周全，如果真的發生不幸或損失，就笑著面對吧！關鍵在於總結所犯的錯誤，而不是企圖掩蓋它。

014

# 懶螞蟻效應

當斷絕螞蟻的食物來源，破壞螞蟻窩後，那些勤快的螞蟻一籌莫展，不知所措，反而是懶螞蟻「挺身而出」，帶領夥伴向牠發現到的新食物源轉移。

生物學家發現，在成群的螞蟻中，多數螞蟻都很勤快的尋找食物、搬運食物，只有少部分螞蟻整日東張西望，無所事事。他們因此做了一項實驗：他們在懶螞蟻身上做記號，並斷絕螞蟻的食物，破壞螞蟻窩，然後觀察，結果發現，在此環境下，勤快的螞蟻變得一籌莫展，反而是懶螞蟻「挺身而出」，帶領夥伴向牠發現的新食物轉移。

大多數的螞蟻都勤奮忙碌的工作，但牠們的勞動卻離不開小部分的懶螞蟻，可見懶螞蟻在蟻群中有著不可替代的作用。這些懶螞蟻將大部分的時間都花在「偵察」和「研究」上，牠們能觀察到組織的薄弱之處，擁有讓蟻群在困難時仍然能存活下去的本領；牠們善於運用頭腦觀察，因此能在環境的變化中發揮引導的作用。

經濟學家認為，蟻群中的「懶螞蟻」比一般的螞蟻更重要。因為懶螞蟻可以看到事物的未來，正確的把握當前的行動，所以能使自己在蟻群中建立不可替代的地位。

# 015

# 三分之一效應

當顧客走進一條商店街時，通常不會在逛第一間商店時便成交，他總要走走看看，貨比三家。等走得差不多了，才會找一間店成交，但一般都不是第一間或最後一間。如果這條街是一眼就能看到底的，多數人也不會特意選擇最中間的商店，反而是三分之一處的機會最大。

如果你想在一條商店街承租一間店鋪，那麼，哪個位置的店面最好呢？或許很多老闆都有這樣的想法：租下靠近路口或街口的第一間店，截住顧客，生意一定最好！

如果你是這樣選擇，那就錯了。因為老闆的心理與顧客不同，老闆想多賺錢，而顧客想少花錢，兩者的心理恰恰是相反的，要想生意好，就必須從顧客的角度去分析。

當顧客走進一條商店街時，通常不會在逛第一間商店便成交，他總要走走看看，貨比三家。等走得差不多了，才會找一間店成交，但一般都不是第一間或最後一間。如果這條街是一眼就能看到底的，多數人也不會特意選擇最中間的商店，反而是三分之一處機會最大。但若是價格幾乎相同的日常小攤販，如菜攤、雜貨攤之類的情況則與此相反，這類攤販應該選擇顧客愈方便的地點愈好。

# 016 狼群法則

狼有著很強的責任心和紀律性，牠們依照規則組成嚴密的組織，這種內部有效的溝通、協調和整體作戰的力量，能產生強大的捕食能力和威懾。

在非洲草原上，若見到一群羚羊在奔逃，那一定是獅子來了；若見到獅群在躲避，那可能是象群發怒了；若見到成百上千的獅子和大象集體逃命，那必定是狼群來了！

狼的個體力量在動物界中是公認的強者。雖然單獨一匹狼鬥不過獅子、大象，但狼群卻能所向披靡，讓其他動物見到牠們就感到心驚。這就是狼群團隊合作精神和旺盛鬥志的完美結合。狼群從來不會漫無目的地圍著獵物胡亂奔跑、尖聲狂吠。牠們總會制訂適宜的戰略，透過不斷的溝通將戰略付諸實現。關鍵時刻，每匹狼都明白自己的作用，並準確的領會到團體對牠的期望。

研究人員以目擊狼群捕獵實況的人，都會被狼群捕獵的場景嚇得目瞪口呆。

狼與狼之間的默契配合成為狼群成功的決定性因素，幾匹分散的狼在捕獵中變成一個合作、有力量的隊伍，知道自己必須執行的部分，無論做任何事情，牠們總能依靠團體的力量去完成。為了實現團體目標，牠們完全可以犧牲自己。

017

# 馬太效應——知名社會學家羅伯特・莫頓

任何個體、群體或地區，一旦在某一方面如金錢、名譽、地位等，獲得成功和進步，產生累積優勢，就有更多的機會取得更大的成功和進步。

贏家通吃。不要抱怨這個世界為什麼不公平，因為這個世界從來就沒有公平過。二十世紀六〇年代，知名社會學家羅伯特・莫頓首次將「貧者愈貧、富者愈富」的現象歸納為「馬太效應」。與馬太效應類似的還有滾雪球效應：一旦獲得了起始的優勢，雪球就會愈滾愈大，優勢也就愈來愈明顯。

一個名人與普通人做出同樣的業績，對於前者來說，榮譽和桂冠會接踵而來，而後者卻可能無人問津。對於朋友多的人而言，他會借助頻繁的交往得到更多的朋友，而缺少朋友的人則會一直孤獨下去。金錢方面更是如此，即使投資報酬率相同，一個比別人投資多十倍的人，收益也多十倍。

馬太效應替人們揭示了一個「不斷增長個人和企業資源的需求原理」。它是影響個人事業成功和企業發展的一項重要法則。在這個贏家通吃的社會裡，富人享有更多的資源，窮人卻變得一無所有。貧者愈貧，富者愈富，善用馬太效應，贏家就是你。

## 018 破窗效應——政治學家威爾遜、犯罪學家凱琳

若一棟建築物上的窗戶玻璃被人打破，而這扇窗戶又沒有得到及時的修復，別人就可能受到某種暗示性的縱容，去打破更多的玻璃。久而久之，這些窗戶就會給人一種無序感，在這種麻木不仁的氛圍中，犯罪就會滋生。

史丹福大學心理學家辛巴杜於一九六九年進行了一項實驗。他找來兩輛一模一樣的汽車，將車牌摘掉，頂棚打開，一輛停在加州帕洛阿爾托的中產階級社區，另一輛停在雜亂的紐約布朗克斯區。停在布朗克斯的那輛汽車，當天就被偷走了。而放在帕洛阿爾托的那一輛，一個星期也無人理睬。後來，辛巴杜用錘子將那輛車的玻璃敲了個大洞。結果僅僅過了幾個小時，它就不見了。

美國政治學家威爾遜和犯罪學家凱琳提出了一個「破窗效應」理論，他們認為：如果一幢建築物的窗戶玻璃被人打破了，而這扇窗戶又沒有及時的修復，別人就可能受到某些暗示性的縱容，去打破更多的窗戶。

在社會其他領域同樣存在著破窗效應，關鍵是我們如何去把握環境的暗示和誘導作用，從小細節杜絕不良暗示的散布。

# 019 定型效應——德國行為學家洛倫茲

人們在見到他人時，常常會根據人的外表及行為特徵，結合自己腦中的定型，進行歸類，以此評價一個人。

一九一〇年，德國行為學家海因羅特在實驗中發現一個十分有趣的現象：剛剛破殼而出的小鵝，會本能的跟隨在牠第一眼見到的母親後面。但是，如果牠第一眼見到的不是自己的母親，而是其他動物，如貓、狗或玩具鵝，牠也會自動的跟隨在其後面。這是因為：一旦這隻小鵝形成了對某個物體的跟隨反應後，牠就不可能再形成對其他物體的跟隨反應了，也就是說小鵝承認第一，無視第二。

後來這種現象被德國行為學家洛倫茲稱為「定型效應」，指的是人們在見到他人時，常會根據人的外表及行為特徵，結合自己腦中的定型進行歸類，以此評價一個人。譬如知識份子是戴著眼鏡、面色蒼白的「白面書生」形象等。

定型效應的形成，主要是由於我們在人際交往過程中，沒有時間和精力去和某個群體中的每一個成員，進行深入的交往，而只能與其中的一部分成員交往，由我們所接觸到的部分，去推知全體。

020

# 格雷欣法則——英國經濟學家格雷欣

如果市場上有兩種貨幣：一良幣和一劣幣，只要二者所發揮的流通作用相等，因為劣幣成本低，人們在使用中往往會選擇劣幣，儲存良幣或用作他圖，久而久之良幣就會退出市場。後來被人們稱作「格雷欣法則」。

劣幣驅逐良幣是經濟學中的古老現象。在鑄幣流通時代，鑄幣所代表的價值就等於它本身的價值，但由於錢幣是國家發行的，以法律規定了同樣的面值，在使用中沒有差別，成色佳與不佳的鑄幣都可以在市場上流通，也就導致成色佳的良幣被儲存或融化用作他圖，以換取更大的利潤。

作為管理者，也要十分注意你的團隊不要出現「劣幣驅逐良幣」的現象。好人在團隊中受排擠也是常有的事。如果在管理的團隊出現劣幣驅逐良幣，那就是管理失敗了。

團隊的管理者必須是正直的人，在團隊中提倡積極的文化，文化是從日常的行為習慣中沉澱下來的，所以，當團隊中的文化不佳時，好人在團隊中受排擠也是常有的事。

要將管理提倡的積極價值觀和人生觀在日常小事中充分表現，發現「小人」或者「小事」，將這些問題消滅在萌芽期。

021

# 路徑依賴——諾貝爾經濟學獎得主道格拉斯・諾斯

人們一旦做了某種選擇，就好比走上了一條不歸路，慣性的力量會使這一選擇不斷自我強化，並讓你走不出去。

美國的火箭助推器與馬屁股之間，你能想到會存在某種關係嗎？

火箭助推器在造好之後，我們都知道會透過鐵路運輸，運輸期間會經過一些隧道，所以鐵軌寬度決定了助推器的直徑。而最早的火車車輛是仿照馬車製造的，而馬車的輪距又來自古羅馬，整個歐洲的長途路線都是羅馬軍隊為了方便征戰而修造的。

羅馬人為何要用四英尺八．五英寸做為戰車的輪距呢？這剛好是牽引一輛戰車的兩匹馬的屁股寬度。就這樣，羅馬帝國的車轍寬度成了今天全世界鐵路的標準軌距。美國的火箭助推器直徑竟然是由兩千年前的馬屁股寬度所決定的。

這個亦真亦假的傳言說明了一個著名的路徑依賴定理：人們一旦做出了某種選擇，就會在慣性的力量下不斷強化它，不輕易改變。

第一個使路徑依賴理論聲名遠揚的是道格拉斯．諾斯。由於路徑依賴理論成功的闡釋了經濟制度的演進，道格拉斯．諾斯於一九九三年獲得諾貝爾經濟學獎。

022

# 激勵的倍增效應——美國管理學家彼得

讚賞別人所付出的，要遠遠小於被讚賞者所得到的。毀滅一個人只要一句話，培植一個人卻要千句話。

一位心理學家到一間郵局去寄信，由於寄信的人比較多，心理學家注意到那位職員，一臉無奈的樣子。心理學家突然心生一念，他告訴自己：「要使他高興，使他對我產生好感，我一定得說些好聽的話來讚美他。」

心理學家觀察片刻終於找到了，他立即說了一句：「真希望哪天我也能有你這樣一頭漂亮的頭髮！」職員抬頭望他，有些驚訝，隨即綻放出一抹笑容。

「哪裡，我這頭髮比起以前可差多了！」他謙虛的說道。聽了這話，他心情果然好轉，並熱情的跟心理學家聊了好一會兒。可想像，那位職員當天下班時，步伐一定比平常輕快。

每個人都會渴望得到別人的認可和讚美，都希望自己的價值得到別人的肯定，從而感受到自己的重要性。在管理學上，這被稱為「激勵的倍增效應」。其實要想得到別人的喜歡很簡單，就是想辦法讓對方感受到他的重要性。

# 023 從眾效應

生活中，群體的引導或施加的壓力，將使個人的行為朝著與多數人一致的方向變化。凡事要有自己的判斷，出奇方能致勝！

新鮮的事物，一個人做，那叫「傻子」；兩、三個人做，被稱為「從眾」；十幾個人甚至千百人做，便可以稱之為「流行」。可是流行的不一定都好，一味從眾便意味著失去了思想的火花，拋卻了一片本該屬於自己的領地。

社會心理學家研究發現，影響從眾效應最重要的因素，是持某種意見的人數多少，而不是意見本身。人數眾多就是說服力的一個明證，很少有人會在眾口一詞的情況下，還堅持自己的不同意見。

從眾之心人皆有之，它本身並無好壞之分，其作用取決於在什麼問題及場合從眾。如果是以被動為前提的從眾，勢必會迷失自我，甚至走上歧途。所以在現實生活中，要努力培養和提高獨立思考和明辨是非的能力。

對任何事與問題，既要慎重考慮多數人的意見和作法，也要加入自己的思考和分析，而不是「牆頭一棵草，風吹兩邊倒」。

# 024 權威暗示效應

暗示者的權威將使被暗示者產生信任效應。迷信則輕信，盲目必盲從。

生物學家巴甫洛夫認為，暗示是人類最簡單、最典型的條件反射。暗示效應是指在無對抗的條件下，用含蓄、抽象誘導的間接方法，對人們的心理和行為產生影響，從而使人們按一定的方式去行動或接受一定的意見，使其思想、行為與暗示者期望相符，而這種效應的產生常常與暗示者的權威有關。

有一位化學家在實驗中對學生說，他將測驗一瓶臭氣的傳播速度。在他打開瓶蓋十五秒後，前排學生開始舉手，稱自己已聞到臭味，後排的人也陸續舉手，紛紛稱自己已聞到臭味。其實，實驗瓶根本是空的。由於對化學家的權威崇拜，學生根本沒用鼻子仔細去辨別氣味，而化學家打開瓶蓋後形成的心理暗示卻起了作用。這說明在權威面前，人們往往很容易屈從「權威」，而放棄對事物真相的思考和認識。

在公司管理中，我們也可能受到權威暗示效應的影響。權威者往往根據自己以往的經驗來做判斷和決定，一旦情況有變，經驗也未必適用。當部屬提出的看法與自己的意見相左時，也要仔細的加以考慮。

025

# 吞鉤現象——奧地利心理學家阿德勒

對失誤不正確而積極地處理，反而用自責來企圖掩蓋，只會造成難以磨滅、更重的傷痕。

對於錯誤，我們應迅速擺脫它，不與其糾纏，因為越糾纏，陷得越深。

奧地利心理學家阿德勒是一名釣魚愛好者。

有一次，他發現了一個有趣的現象：魚兒在咬鉤之後，通常因為刺痛而瘋狂地掙扎，越掙扎，魚鉤陷得越深，越難以掙脫。阿德勒就此提出了一個相似的心理概念，叫作「吞鉤現象」。

每個人都有一些過失和錯誤，這些過失和錯誤有的時候就像人生中的魚鉤，讓我們不小心咬上。深深地陷入心靈痛苦之後，我們不斷地負痛掙扎，卻很難擺脫這枚「魚鉤」，更糟的是，也許今後我們又被同樣的過失和錯誤絆倒，而心裡面還殘留著以前「魚鉤」的遺骸。

過失、屈辱和失落並不能百分之百地避免，但是我們應該學會從心理上避免像魚那樣的「吞鉤現象」，擺脫失誤的糾纏，從而輕鬆自由地前行。

# 026 槓桿原理——數學家阿基米德

給我一個支點，我就能舉起整個地球。最有效的槓桿，總是放在最恰當的支點上。

「給我一個支點，我就能舉起整個地球。」兩千兩百多年前，在歐洲西西里島，有位中年人對國王陳述了自己研究的槓桿原理，他就是著名的數學家阿基米德。

國王聽後大笑不止，不相信地要求道：「你能實際表演一下嗎？」

「親愛的陛下，我剛才只是打個比方，那樣的支點並不存在。」阿基米德解釋，「我的意思是，我能夠用很小的力量，借助工具和機械推動極重的物體。」

「好呀，那你表演一下！」國王指著海邊剛造好的一艘大船說：「只許你一個人將這艘船推下水。」

幾天後，阿基米德將一根繩子交給國王，「國王陛下，請您拉動這根繩子吧！」國王疑惑的看著阿基米德，拉了這根繩子。大船緩緩的向大海移去。

在故事中，阿基米德利用的是槓桿原理，他設計了一套槓桿滑輪系統推動了大船。因此，在一個人的事業發展中，我們應該借重阿基米德的槓桿原理，發揮「支點」和「力臂」的巨大作用。

027

# 富翁和狼效應

埃托沙的狼是一種很聰明的動物。牠們知道只要奪路成功，就有生存的希望，而選擇沒有獵槍的岔路，必定死路一條。因為那條看似平坦的路上必有陷阱，這是牠們在長期與獵人的周旋中領悟出來的道理。在這個互相競爭的社會裡，真正的陷阱會偽裝成機會，真正的機會也會偽裝成陷阱。

一位富翁在非洲狩獵，經過三個晝夜的周旋，終於成功的獵得了一匹狼。在嚮導準備剝下狼皮時，富翁制止他，問：「你認為這匹狼還能活嗎？」嚮導點了點頭。於是富翁打開隨身攜帶的通訊設備，讓停在營地的直升機立即起飛，他想救活這匹狼。直升機載著受了重傷的狼，飛向五百公里外的一家醫院。富翁坐在草地上陷入了沉思。

這並不是他第一次來這裡狩獵，可是從來沒像這一次帶給他如此大的觸動。過去，他曾捕獲過無數的獵物，斑馬、小牛、羚羊、鬣狗，甚至獅子，這些獵物在營地大多被當作美味佳餚，分而食之，然而這匹狼卻讓他產生了一種「讓牠繼續活著」的念頭。

狩獵時，這匹狼被他追到一個近似於「丁」字的岔路上，正前方是迎面包抄過來的嚮導，他也拿著一把槍，狼被夾在中間。

在這種情況下，狼本來可以選擇岔路逃掉，可是牠沒有那麼做。當時富翁很疑惑，狼為什麼不選擇岔路，而是迎著嚮導的槍口撲過去，準備奪路而逃呢？難道那條岔路會比嚮導的槍口更危險嗎？狼在奪路時被捕獲，牠的臀部中了彈。面對富翁的迷惑，嚮導說：「埃托沙的狼是一種很聰明的動物。牠們知道只要奪路成功，就有生存的希望，而選擇沒有獵槍的岔路，必定死路一條，因為那條看似平坦的路上必有陷阱，這是牠們在長期與獵人的周旋中領悟出來的道理。」富翁聽了嚮導的話，非常震驚。

據說，那匹狼最後被救治成功，如今在納米比亞埃托沙禁獵公園裡生活，所有的費用都由那位富翁提供，因為富翁感激牠告訴自己這麼一個道理：在這個互相競爭的社會裡，真正的陷阱會偽裝成機會，真正的機會也會偽裝成陷阱。

028

# 狐狸法則

天性使人們相信，自己的決策是合理的，所以即使出現了錯誤的判斷，人們還是會堅持，於是理性的行為總是會產生錯誤的決策。

有一則關於魚和狐狸的古老寓言。有一天，無所事事的魚想浮出水面透口氣，恰有一隻狐狸經過。魚知道狐狸是敵人，於是轉身打算向水的深處游去。

狐狸見狀馬上開口說：「魚兄弟你先別走，我有幾句話要跟你說。」

魚回答道：「我才不會相信你的鬼話，如果我不離開，你一定會找機會吃掉我的！」

「不，不，朋友你不用緊張，我是真的有事情要跟你說，要不這樣吧？我們都待在原地不動。這樣你總可以放心了吧！」狐狸說。

魚聽了之後覺得可以接受，於是浮在水面沒動。

狐狸見狀，馬上笑容滿面地說：「你知道嗎？在河岸的對面也有一個湖泊，水面波光粼粼，而且周圍都是鬱鬱蔥蔥的植被，別提有多漂亮了。重要的是，水裡面有很多美味的食物。」

魚聽後，說：「我為什麼要相信你呢？」

「我沒有理由騙你啊！這些都是我親眼看到的。」

魚被狐狸描述的美景吸引了，放鬆了警惕，說：「我們天生是在水裡生活的，而且這裡與你說的地方根本沒有水路可以過去。」

「沒有關係，我可以幫你。你跳進我的嘴裡，我帶你過去，就像帶我自己的孩子一樣，我可以發誓不會傷害你。」

魚沉浸在狐狸描繪的美麗景色中，所以決定冒險，於是說：「好吧！我暫且相信你，你帶我過去吧！」

狐狸來到湖邊輕輕地將魚銜在嘴裡。走了幾分鐘後，牠感覺到了刺骨的疼痛，牠知道受騙了，於是大聲質問狐狸：「你發過誓的，為什麼要反悔？」

「其實我是情不自禁，」狐狸說，「這畢竟是我的天性。」

人和狐狸一樣有天性，但是人與動物的區別就在於，人可以控制自己的天性，區別事物對我們的利弊，但是當人們在面對金錢時，卻很容易被蒙騙，而正因如此，導致了很多人不能夠成為成功的投資者。

029

# 空白效應

人在感知世界的時候，如果感知對象不完整，便會自然地運用個人經驗進行推想與聯想，在腦中對不完整的感知對象進行補充，直至完整。

一個沒錢的猶太人費爾南多在星期五傍晚抵達了一座小鎮。他沒錢吃飯，更住不起旅館，只好到教堂找執事，請他介紹一個在安息日能提供食宿的家庭。

執事打開記事本，查了一下，對他說：「這個星期五，經過本鎮的窮人特別多，幾乎每家都安排了客人，唯有開珠寶店的西梅爾家例外，只是他一向不肯收留客人。」

「他會接納我的。」費爾南多十分自信地說，然後來到西梅爾家門前。等西梅爾一開門，費爾南多就神祕地把他拉到一旁，從大衣口袋裡取出一塊磚頭大小、看起來十分重的小包裹，小聲問道：「磚頭大小的黃金能賣多少錢呢？」

珠寶店老闆馬上眼睛一亮，可是，今天是安息日，按照猶太教的規定是不能談生意的，但老闆又捨不得讓這上門的大生意落入別人手中，便連忙挽留費爾南多在他家住宿，到明天日落後再談。

於是，安息日整天，費爾南多都受到珠寶店老闆的盛情款待。到了星期六晚上，可以做生意時，西梅爾滿面笑容地催促費爾南多把「貨」拿出來看看。

「我哪有什麼金子？」費爾南多故作驚訝地說，「我不過想知道一下，磚頭大小的黃金值多少錢而已。」

其實，人們所感知的世界往往只是他們自己所建構而成的知覺經驗罷了，人們通常將他們看到、聽到、感覺到的經驗組織成自己感興趣的事物。對他們來說，所謂的真實，只不過是他們從外界獲知的部分資訊，再加上他們自己的意見罷了。

猶太人費爾南多就是利用了這種「空白效應」，利用了人們天生對未完成的情境會不由自主地去藉由經驗進行聯想並補完、形成個人意見的這一原理，設計了故事的前半段，讓對方去進行一些「合理」的推想，從而達到自己的目的。

聰明的商人正是利用了人們的這一心理，引出話題，讓顧客對他們的商品進行一些「合理」的推想，從而增強購買的欲望。

# 030 約拿情結

我們想取得成功，但面臨成功時，又總是伴隨著一種畏懼乃至迴避的心理。心理學家把這種心理稱為約拿情結。它是一種普遍的心理現象。

約拿是《聖經》中的一個人物，上帝讓約拿到尼尼微城替自己傳話，這本是一項神聖的使命和崇高的榮譽，也是約拿平常所嚮往的。但是，等到機會降臨時，他卻沒有欣然前往，而是感到畏懼，覺得自己不行，想逃避即將到來的成功，想甩掉突然降臨的榮譽。結果，約拿在幾番權衡之後，最終選擇了逃避，因而受到了上帝的懲罰。

從古至今，約拿情結都在發揮著炸藥的功效，炸毀個人發展和人類進步的信心。我們既自信，又感到自卑；我們既敬仰傑出人物，又有一種敵對的感情；我們敬佩取得成功的人，而對成功者，又有一種不安、焦慮、慌亂和嫉妒。

約拿情結的存在有其合理性。大多數人內心都深藏著約拿情結，這是因為在我們小時候，由於本身條件的限制和不成熟，心裡容易產生「我不行」、「我辦不到」等消極的念頭，如果周圍環境沒有提供足夠的安全感和機會供自己成長的話，這些念頭會伴隨我們一生。尤其是當成功機會降臨的時候，這些心理尤為明顯。

031

# 修路原則

當人在相同地方重複犯相同的錯，或兩個以上不同的人在相同地方犯同樣的錯，那一定不是人有問題，而是這條讓他們出錯的路有問題。此時，問題的管理者最重要的工作不是管人——要求他別再犯錯，而是修路。

有一次令我印象深刻的經歷：我們要為一家企業提供一次內部員工訓練，按照慣例，在訓練前我與該公司總經理進行了一次深入的交談。這家公司的辦公室在一幢豪華大廈裡，四面都是落地玻璃窗，非常氣派。交談中，透過總經理辦公室的窗子，我無意間看到有來訪客人因為一個不注意，頭撞在高大明亮的玻璃大門上。大約過了不到十分鐘，竟然又看到了另外一位客人在剛才同樣的地方撞到玻璃。

櫃檯接待小姐忍不住笑了，那表情明顯的含意是：「這些人也真是的。走起路來，這麼大的玻璃居然看不見。眼睛看到哪裡去了？」

其實方法很簡單，那就是在這扇門上貼一個公司標誌圖即可。然而，問題真正的關鍵是，為什麼這裡多次出現問題就是沒人來解決呢？

這一現象背後真正隱含著的是一個重要的問題即「修路原則」。

032

# 貝勃定律

一個人右手舉著三〇〇克重的砝碼，這時在其左手上放三〇五克的砝碼，他並不會覺得有多少差別，直到左手砝碼的重量加至三〇六克才會察覺。如果右手舉著六〇〇克，這時左手上的重量要達到六一二克才能感覺到重了，右手砝碼愈重，左手就必須加更大的重量才能感覺到差別。

「貝勃定律」在生活中到處可見。比如，十元一份的晚報突然漲了一元，你會覺得不可思議，無法接受。但是，如果原本五千元的MP3也漲了一元，甚至十元，你也不會太介意。這種現象被稱為「貝勃定律」。

有些人總抱怨朋友對自己不如剛認識時那麼好了，其實這也是「貝勃定律」的影響，陌生人給你的一點點關懷，你都會感動不已。所以很多愛情總在旅途中發生，而你的親人無論怎麼寵愛你，你都可能視而不見或者覺得平淡如水。

我們的感覺很敏感，但也有惰性，它會蒙騙我們的眼睛，使我們看不到事情的變化，也會加重我們的感受而迷失理性。

所以，別太自以為是，我們應以謙卑的心對待萬物眾生，才能少犯錯、累積智慧。

# 033 觀眾效應——美社會心理學家茅曼

一個人在他人在場的條件下，會在無意識競爭的情境中進行自我表現。

你騎車上街買東西，當你發現後面有一輛自行車在向你靠近，並正要超越你時，你會情不自禁的加快車速。

如果你是位老師，雖然有時候身體不太舒服，可是上了講台，精神就來了。

你還常常可以看到，不少演員和運動員在表演和比賽時，觀眾愈多，情緒愈激烈，他們的興致就愈高昂，技術發揮得就愈好……

這些現象的產生，究竟是什麼心理效應呢？

一九〇四年，社會心理學家茅曼在對哈佛大學學生進行的追蹤研究中發現，在有觀眾在場的情況下，學生的思考和反應會比沒有觀眾時快一些、好一些。接著阿爾波特透過實驗進一步闡明：如果是完成同樣的任務，個人單獨完成任務，與觀眾在場時完成任務相比，單獨完成趕不上在觀眾面前完成的效果。

最後，社會心理學得出的結論是：這種有人在旁與單獨行動條件下，個體效績差異的心理現象，叫作「觀眾效應」。

## 034 費斯諾定理——英國聯合航空公司總裁兼總經理費斯諾

人有兩隻耳朵卻只有一張嘴，這就意味著人應該多聽少講。

美國知名主持人林克萊特在訪問一名小朋友時，問他：「你長大後想要當什麼呀？」

小朋友天真地回答：「嗯……我要當飛機的駕駛員！」

林克萊特接著問：「如果有一天，你的飛機飛到太平洋上空時所有的引擎都熄火了，你會怎麼辦？」

小朋友想了想：「我會先告訴坐在飛機上的人綁好安全帶，然後我會穿上降落傘跳出去。」

當在現場的觀眾笑得東倒西歪時，林克萊特繼續注視著這孩子，想看他是不是個自作聰明的傢伙。沒想到，孩子的兩行熱淚竟在這時奪眶而出，這才使得林克萊特發覺這孩子的悲憫之情遠非筆墨所能形容。於是林克繼續問他：「為什麼要這麼做？」孩子透露出一個孩子真摯的想法：「我要去拿燃料，我還要回來！」

當你聽別人說話時，你真的聽懂了他說的意思了嗎？如果不懂，就請聽別人說完吧！這就是「聽的藝術」。

# 第三章 管理篇

035

## 狄德羅效應——美國哈佛大學經濟學家茱麗葉・施羅爾

新睡袍導致新書房，新領帶導致新西裝的攀升消費模式。無意義的先進產品正驅趕著人們不斷消費，人們對奢侈品的盲目欲望就像熱病般蔓延。

在法國有位名叫鄧尼斯・狄德羅的哲學家。有一天，朋友送他一件質地精良、做工考究、圖案高雅的酒紅色睡袍，狄德羅很喜歡，可是當他穿著華麗的睡袍在家裡踱來踱去時，便覺得身旁的家具不是破舊不堪，就是風格不對，地毯的材質也粗糙得嚇人。

慢慢的，狄德羅開始將舊家具一件件更新，先是桌子，接著是椅子、地毯，最後整間屋子終於配合了睡袍的等級。狄德羅坐在氣派十足的書房裡，卻覺得很不舒服，因為「自己居然被一件睡袍脅迫了」。他將這種感覺寫成文章，題目就叫《與舊睡袍別離之後的煩惱》。

兩百年後，美國哈佛大學經濟學家茱麗葉・施羅爾提出了一個新概念：「狄德羅效應」，指的就是新睡袍導致新書房，新領帶導致新西裝的攀升消費模式。

人們的消費習慣形成後有不可逆性，即易於向上調整，而難以向下調整。尤其是在短期內消費是不可逆的，其習慣效應較大。

## 036 倒U形假說——世界網壇名將貝克

當一個人一點兒興奮的感覺都沒有時，他根本沒有做好工作的動力；當一個人處於極度興奮時，隨之而來的壓力可能會使他無法完成原來的工作。只有當一個人處於輕度興奮時，才能將工作做到最好。

世界網壇名將貝克之所以被稱為「常勝將軍」，其祕訣之一，就是在比賽中防止過度興奮，保持半興奮狀態。所以也有人亦將「倒U形假說」稱為「貝克境界」。

這個法則認為，最佳的刺激力能使業績達到巔峰，對於處在各種工作狀態中的人來說，過大或過小的壓力都會使工作效率降低。也就是說，壓力較小時，工作缺乏挑戰性，人處於鬆懈狀態下，效率自然不高；當壓力逐漸增大，壓力成為一種動力，它會激勵人們努力工作，效率亦將逐步提高。

因此，企業的管理者必須對員工的工作能力和心理承受能力有一種適當的評估，想改變那種「壓力愈大，效率愈高」的錯誤觀念，最好的辦法便是找一個最佳點，以此為標準：當員工壓力較小時，適當增加壓力，而當員工壓力較大時，應舒緩他們的壓力。

037

# 競爭優勢效應

人們與生俱來就有競爭的天性，每個人都希望自己比別人強，不能容忍對手超越自己。因此，人們在面對利益衝突時，往往會選擇競爭，而不是選擇對雙方都有利的合作。

上帝向一個人允諾：「我可以滿足你三個願望，但有一個條件——在你得到想要的東西時，你的敵人將得到你所得到的雙倍。」於是這個人提出了自己的三個願望：第一個願望是獲得一大筆財產，第二個願望還是獲得一大筆財產，第三個願望卻是「請將我打個半死吧！」

雖然這只是一則笑話，但是在現實生活中，這樣的例子比比皆是。人們與生俱來就有競爭的天性，每個人都希望自己比別人強，不能容忍對手超越自己。因此，人們在面對利益衝突時，即使雙方擁有共同雙贏的方法，也往往會優先選擇競爭，而非選擇對雙方都有利的「合作」，就算拚個兩敗俱傷也在所不惜。

除此之外，心理學家還認為，缺乏溝通也是人們選擇競爭的一個重要原因。如果雙方曾經就利益分配問題進行協商，達成共識，合作的可能性就會大大增加。

## 038 基利定理——美國德布林諮詢公司集團總經理拉里・基利

容忍失敗，這是人們可以學習並加以運用的積極的事物。如果不明白失敗是什麼，那麼對成功的理解也是片面的。

人生是一次次的經驗累積，請將失敗當成是一種不凡的經驗，而不是障礙。唯有將失敗當作經驗，你才能體會出何謂墊腳石。不要羨慕登頂成功的人，而對自己的屢屢失敗嗟嘆不已，因為在那些成功者之中，絕大部分都是失敗次數最多的人，能一蹴可幾者更是少數。

有一個小孩在田埂中看到一隻瞪眼的青蛙，就調皮的向青蛙的眼睛撒了一泡尿，不料，這隻青蛙的眼睛不但沒有閉起來，反而一直瞪著他，這讓他留下了深刻的印象。

長大後，這個小孩成了一名推銷員，每當他遭到客戶的拒絕時，他就想到童年時那隻被尿澆也不閉眼的青蛙，於是便用「青蛙法則」來看待推銷。對於客戶的拒絕就像童年的那隻青蛙，逆來順受，仔細傾聽，而不感到驚慌失措。後來這位推銷員連續十六年榮獲日本汽車銷售冠軍寶座，他就是奧城良治。

## 039

# 冰淇淋哲學——著名企業家王永慶

賣冰淇淋必須從冬天開始，因為冬天顧客少，會逼迫你降低成本，改善服務。如果能在冬天的逆境中生存，就再也不需害怕夏天的競爭。

順境是幸運，逆境未嘗不是機遇。

炎炎夏日是賣冰淇淋的黃金季節，同時也是各大商家大打「促銷戰」搶攻市場的大好時機，但著名的台灣企業家王永慶卻告訴我們：「賣冰淇淋一定要從冬天開始」。王永慶說：「冬天賣冰淇淋雖然是『雪中送霜』，但是，如果要讓你的冰淇淋店順利迎接下一個夏季，就必須學會如何度過嚴冬。」

一個企業要想變得強大，就必須學會把握不景氣時的機會。因為此時多數人都偃旗息鼓，正是企業探索機會的理想時機，等到景氣回春後，勇於把握冷門機遇的企業將能獲得比以往更多的機會。台塑企業董事長王永慶便是在經濟蕭條時，把握冷門機遇的傑出代表。

王永慶擁有過人的經營理念，即勇於在別人放棄的地方淘金。一個人在困境或災難中絕望時，也許正是發現機會、脫穎而出的最好時機。

# 040 水壩式經營——松下幸之助

在經營上，各方面都要保留寬裕的運用彈性。當企業有了調節和運行機制，才可能長期穩定發展。

修築水壩目的是為了攔阻和蓄水，對季節或氣候變化保持必要的蓄水量。「水壩式經營」的觀念即指公司各部門都應像水壩般，無論外界情勢如何變化，皆不受影響，維持穩定發展。換言之，就是企業在經營上，各方面都要保留寬裕的運用彈性。

戰後的日本經濟很不景氣，企業發展緩慢，在這種情況下，多數企業採用貸款經營的方式，一旦經營不利，企業必然面臨巨大的財務風險，這時，一些應急的特殊政策如信用膨脹、貸款經營都不再奏效。因此，如果企業想持續發展，必須改變這種經營方法，借鑑一些充裕而安定的經營模式，「水壩式經營」也由此而生。

松下幸之助認為，為了確保企業的正常營運與穩定發展，水壩式經營觀念尤為重要，管理者必須保持必要的蓄水量才能適應季節或氣候的變化。當企業有了這種調節和運行機制，才可能長期穩定發展。如果企業各部門都能築起水壩，那麼無論外界發生什麼變化，企業也都不會受到影響！

041

# 標竿管理——美國施樂公司

根據最強大的競爭者或行業領導者的標準，改進自己的產品及生產流程，是一種最有效的競爭方式。正視自身的薄弱環節，虛心向強者看齊，你最強大的對手，同時也將會是你最優秀的老師。

標竿管理來源於二十世紀七、八〇年代，美國學習日本的運動，與企業再造、策略聯盟一起並稱為二十世紀九〇年代三大管理方法。

當時，日本成為全球企業界的學習榜樣。在美國學習日本的運動中，美國施樂公司首先在總裁羅伯特·開普倡導下，展開後來被他們命名為「標竿管理」的管理方式。

施樂公司將標竿管理定義為：一個將產品、服務和實踐，與最強大的競爭者或行業領導者相比的持續流程，其中心思想就是——根據最大競爭者或行業領導者的標準，來改進自己的產品和生產流程。

標竿管理認為，多數企業都有相通之處，因此可以將在某些生產管理上有最佳表現的公司做為研究對象，透過連續比較、分析、尋找、確認、追蹤、學習，超越企業的競爭目標，使企業成為市場競爭中的強中之強。

## 042 自吃幼崽效應

美國矽谷企業競爭十分激烈，以至於各公司都積極尋找自己的致命弱點，所有公司共同的生存之道是：拿出更好的產品來擊敗自己的原有產品。勇於對過去告一個段落，才有信心掀開新的一章。

電影《狐狸的故事》曾有片段描述狐狸養育幼崽的情形：北方狐狸十分重視後代的獨立能力，小狐狸在很小的時候就開始學習捕食，當牠們長大後，老狐狸便不允許牠們留在身邊，無情的將小狐狸驅趕出去，迫使牠們獨立生活，去開拓新的生存領域。

在自然界中，虎、鷹等肉食性動物也和狐狸一樣，很早就將幼崽趕出家門，讓牠們獨立生活，這是動物界的殘酷法則，藉此讓大自然挑選出最強健的後代，以延續種族。

動物學家還發現，除了自然「擇優」外，出於種族繁衍的本能，母獸還可能拋棄或吃掉最弱小的幼崽，主動保持種族的優良血統。這種現象在企業競爭中也時有所見。

在激烈的商戰中，企業不得不積極尋找自己產品的致命弱點，藉由拿出更好的產品來擊敗自己的原有產品，以獲得企業發展的機會。這種舉動聽起來有些殘忍，但卻能讓這些企業生存下來，後人便將這種現象稱為「自吃幼崽效應」。

043

# 巴菲特定律——美國股神巴菲特

在其他人都投資的地方投資，是不會發財的。善於走自己的路，才能走別人沒走過的路。

從二十世紀六〇年代，以低價收購了瀕臨破產的伯克希爾公司開始，巴菲特創造了一個又一個的投資神話。

有人計算過，若在一九五六年，你拿一萬美元與巴菲特共同投資，你的資金很可能會獲得二・七萬多倍的驚人回報，而同期的道瓊工業股票平均價格指數僅僅上升了約十一倍。無怪乎有些人將伯克希爾股票稱為「人們拚命想要得到的禮物」。在美國，伯克希爾公司的淨資產排名第五，位居時代華納、花旗、美孚石油和維亞康姆之後。

如今，巴菲特已成為全球投資大師，他的投資故事像神話一般被傳誦。巴菲特的成功，使他被人們喻為「世界第一股神」、「也許永遠是最偉大的投資者」。

巴菲特能取得如此瘋狂的成就，得益於他所信奉的聖經，也是後來為全球股票投資者競相追逐的金科玉律——巴菲特定律，即「在其他人都投資的地方投資，你是不會發財的」。

## 044 哈默定律——美國著名企業家哈默

天下沒有不賺錢的生意，只有蹩腳的生意人。或取或捨顯高下，一買一賣見智愚。

一九八七年，商業天才阿曼德．哈默完成了《哈默自傳》，這是他一生成功經驗的精華，在這本書中，他提到了「哈默定律」：天下沒有壞生意，只有蹩腳的生意人。

一九三一年，哈默敏銳地覺察到羅斯福會當選總統，實行新政，撤銷禁酒令，於是他大量生產酒桶，所有人都覺得他瘋了，但後來果然供不應求。不久，哈默又成為養牛業主，這是因為有一天，僕人為喜歡吃牛排的他買了一頭懷孕的母牛，哈默將牠留下，直到牠生下小牛，這給了他靈感，於是哈默擁有了一座規模極大的養牛牧場。

後來，一個偶然的機會使他對石油投資事業產生了興趣，他購買了西方石油公司的股票，翌年當選為這間公司的總裁。從此哈默醉心於石油事業，使這間在當年只有三萬多美元資產的石油公司，在一九七四年的收入達到六十億美元。

一九七四年，哈默成功的遊說參議院，與蘇聯達成了一筆二百億美元的化肥易貨貿易，這使他在七十六歲時達到了他事業的巔峰。

哈默的成功經驗給予我們的啟示是：機會俯拾即是，重要的是你是否有變廢為寶的眼力與勇氣。

045

# 大拇指定律

在每十個風險資本所投入的創業公司中，平均會有三個企業垮台；三個企業在成長為一、兩千萬美元的小公司後便停滯下來，最終被收購；另外三個企業會上市，並且有不錯的市值，而其中的一個企業則會成為耀眼的企業新星，並被稱作「大拇指」。

想要融資成功，首先要堅持一個原則，就是多談幾家；其次是選擇正確的投資人。在矽谷，風險資本有著一個不太精確的經驗定律，即所謂的「大拇指定律」：在每十個風險資本所投入的創業公司中，平均會有三個企業垮台；三個企業在成長為一、兩千萬美元的小公司後便停滯下來，最終被收購；另外三個企業會上市，並且有不錯的市值，而其中的一個企業則會成為耀眼的企業新星，並被稱作「大拇指」。

矽谷的成功，在於其運行機制：即強大的資本和富有野心的創業者的緊密結合。對於創業者來說，熟悉和瞭解風險資本家及其運作模式，是融資成功的一個關鍵前提。此外，創業者在與風險資本家接觸的過程中，還必須有專業化的表現和足夠的韌性，你才能成為那個成功的「大拇指」。

## 046 最大笨蛋理論——馬爾基爾

你之所以完全無視於某件東西的真實價值，即使它一文不值，你也願意花高價買下，那是因為你預期會有一個更大的笨蛋出更高的價格，從你那裡將它買走。

投機行為的關鍵是判斷有無比自己更大的笨蛋，只要自己不是最大的笨蛋，就只是贏多贏少的問題。如果再也找不到願出更高價格的笨蛋將商品從你那裡買走，那你就是最大的笨蛋。

投機行為應建立在正確把握大眾心理傾向的基礎上，期貨、證券，甚至賭博都是這個道理。例如，你不知道某個股票的真實價值，但為什麼你會花二十元一股去買呢？那是因為你預期會有人花更高的價格從你這兒將它買走。

馬爾基爾將這一看法歸納為「最大笨蛋理論」：你之所以完全無視於某件東西的真實價值，即使它一文不值，你也願意花高價買下，那是因為你預期會有一個更大的笨蛋出更高的價格，從你那裡將它買走。

047

## 宇宙法則——猶太人

世上的一切都依固定比例存在。例如，地球上的空氣成分是：氮與氧為78：22；我們體內的水分與其他物質的比例也是78：22；猶太人做生意總是依78：22來剖析每樁買賣的相互比例。

猶太人有五千年悠久歷史，其燦爛的文化曾照耀整個世界，其中深藏了許多神祕的東西。「78：22」就是散布在世界各地的猶太人世代相傳的神祕法則——宇宙法則。

「宇宙法則」類似中國的太極圖和八卦，是對客觀世界的一種認識。「太極圖」顯示世界由陰陽兩極構成，而猶太人的「宇宙法則」則認為：世界的一切都是依78：22的比例存在。例如，地球上的空氣成分，氮與氧的比例為78：22；我們身體內的水分與其他物質的比例也是78：22。

在猶太人的眼裡，世上財富的百分之七十八永遠是在百分之二十二的少數富人手裡，而百分之七十八的普通人只掌握了百分之二十二的財富。猶太人之所以極度鄙視「薄利多銷」而追求厚利多銷，正是這個道理。猶太人做事正是因為他們覺得掌握這個「法則」的人永遠只有百分之二十二。因為每個民族的自視優越，使這個法則成了猶太人的專利。

048

## 二八定律——義大利統計、經濟學家維爾弗萊多．帕雷托

在原因和結果、投入和產出、努力和報酬間存在一種典型的不平衡現象：80％的成績，歸功於20％的努力；20％的產品或客戶，佔了80％的營業額；20％的產品和顧客，主導著企業80％的獲利。很多時候，「多數」只能造成少許的影響，而「少數」卻能造成主要、重大的影響。

隱藏在這些現象背後的便是經濟學的經典理論之一：二八定律。

「二八定律」又叫「二八法則」、「20／80原理」，這個原理經過多年的演變，已變成當今管理學界所熟知的二八定律——即80％的公司利潤來自20％的重要客戶，其餘20％的利潤則來自80％的普通客戶。

有人說：「美國人的金錢裝在猶太人的口袋裡。」為什麼？因為猶太人在生存和發展之道上，始終堅持二八定律，把精力用在最見成效的地方。

一個人的時間和精力非常有限，想要真正「做好每一件事情」幾乎是不可能的，所以我們必須學會合理的分配時間與精力。想要面面俱到，還不如重點突破，將80％的資源花在能得到關鍵效益的20％方面上，使這20％的部分帶動其餘80％的發展。

049

# 戈森定律——德國經濟學家赫爾曼・海因里希・戈森

餓時甜如蜜，飽時蜜不甜，需求多寡與效益成正比。

人們總會覺得喝下的第一杯水最解渴，第二杯就差了一些，如再喝第三杯、第四杯，非但不解渴，反而脹得難受。這個現象雖然普通，但卻是重要的經濟學定律之一。

一八五四年，戈森就根據這種現象，提出了人的享受規律的重大發現：「如果我們連續不斷的滿足同一種享受，那麼這同一種享受的量就會不斷遞減，直至達到飽和。」這種連續享受或重複享受時，出現的享受量遞減的規律性，後來被稱為「邊際效用遞減法則」，又叫「戈森第一定律」。同時戈森還提出人要達到效用最大，必須滿足「每一種享受的量在滿足被中斷時，保持相等原則。」這就是被後人稱為「邊際效用相等原則」的「戈森第二定律」。

這兩條定律普遍存在於一切物品，構成了整個現代經濟學的基礎。邊際效用是一個前後對比的變化量。而水的感覺由很好到一般再到很壞，說明在消費這些水的過程中，邊際效用是遞減的，開始是正數（感覺好），後來是負數。而衡量一件事情是不是值得繼續投入，就可以從它的邊際收益是否大於邊際成本來判斷。

050

# 阿爾巴德定理——匈牙利品管顧問波爾加‧阿爾巴德

一個企業經營成功與否，全靠對顧客的需求瞭解到什麼程度。生意是否成功，要看顧客是否再上門。看到了別人的需要，你就成功了一半；滿足了別人的需求，你就成功了全部。

在商業經營中，我們一直強調「顧客永遠是對的」。這個道理很簡單，在市場經濟條件下，只有顧客買你的產品，你才能賺錢！可是，將「顧客永遠是對的」放在嘴上容易，放在心裡和實際行動上就難了。

企業要獲利，就必須將產品賣出去。但想確定什麼樣的產品暢銷，卻不是一件容易的事，而隨著市場同質化時代的到來，這種難度就更大了。在此種情況下，企業想要賺錢，就必須開拓新的市場。市場是由需求決定的，要開拓新的市場，就必須先瞭解顧客的新需求。對顧客需求的瞭解程度，決定了企業經營成功的程度。

瞭解顧客的需求，企業才能創造出新的服務、新的經營方式和新的產品。如此，也才能在市場競爭中獨具特色，為消費者帶來「意外驚喜」，為企業帶來商機和效益。

## 051 自來水哲學——日本松下電器公司創始人松下幸之助

企業必須有一種使命感，不斷努力生產，使產品像自來水一樣豐富而廉價，讓再窮的人也能買得起。使顧客常受益，乃是企業獲益的最大泉源。

自來水哲學是松下幸之助一生經營的總結和寫照，他之所以能在企業經營管理方面取得如此大的成就，就是因為訂定了自己的管理哲學。在對自己一生的經驗教訓進行整理時，松下幸之助說出了令億萬人為之傾倒歎服的一系列經營祕訣，為人們打開了一扇通往成功之門。直到今天，這些祕訣仍在世界各地發揮著極大的作用，造就出許多鉅賈富商。

有一年夏天，松下幸之助在路上看到一個車伕打開一家門前的水龍頭就喝。用自來水需要繳水費，但是並沒有人出來阻止車伕喝水。這一幕給了松下幸之助很大的啟發，他對員工說：「水雖然是有價的，可是一旦處處可見，價值也就幾乎等於零。若大量生產某些產品，其價格也會變低。我們的任務就是製造像自來水一樣多的電器。」

依松下幸之助的說法，自來水哲學的核心，就是自始至終為人們服務。這種經營思想一直貫穿在他經營企業的過程中。

052

# 杜拉克原則——管理大師彼得・杜拉克

精力、金錢和時間，應該用於使一個優秀的人變成一個卓越的菁英；而不是用於使無能的做事者變成普通的做事者。別試圖教豬唱歌，這樣不但不會有結果，還會惹豬不高興！

管理大師彼得・杜拉克曾在《哈佛商業評論》撰文指出：「精力、金錢和時間，應用於使一個優秀人才變成卓越菁英；而非用於使無能的做事者變成普通的做事者。」對杜拉克的這一精彩論述，我們稱之為「杜拉克原則」。杜拉克認為，人們不應將努力浪費在改善低能力的人或技能上，而是使那些表現一流的人或技能變得更卓越。

儘管我們還不能確切的知道，將一個優秀的人變成一個卓越的人，比將一個無能的人變成一個普通的人，究竟節省多少精力、金錢和時間，但是德魯克的觀點還是普遍被人們接受。

杜拉克原則認為：壞習慣必須改掉，因為它妨礙你取得績效。但你在某一方面的缺點和不足，卻並不一定要花大力氣將它提升到普通水準。因為，這樣做的話，改善的很可能不是你某一方面的能力，而是使你失去自我！

# 053 熱爐規則——美國管理學家小克勞德·喬治

處分的目的在於教育，而不在於懲罰。嚴厲展現膽識，寬容展現胸懷。懲罰只是手段，教育才是目的。

「Hot stove rule」是一套被頻繁引用的規則，它能指導管理者有效的訓導員工。這一規則由於與觸摸熱爐有著許多相似之處，而被稱為「熱爐規則」。

熱爐法是一個比喻，說的是懲處的原則應該像燒紅的爐子那樣，二者相似之處在於：首先，熱爐火紅，不用手摸也知道爐子是熱的，當你觸摸熱爐時，你得到即時的反應，在瞬間感受到灼痛，使大腦毫無疑問的在原因與結果之間形成聯繫，即警告性原則。領導者要經常對部屬進行規章制度教育，以警告或勸誡不要觸犯規章制度，否則將會受到懲處。其次，你得到了充分的警告，使你知道每當你碰到熱爐，一定會被灼傷，即必然性原則。也就是說只要觸犯規章制度，就一定會受到懲處。

在管理中，若員工犯了錯，批評和懲罰是應該的。透過懲罰，能達到規範員工行為、使員工在制度的約束下集中精力的目的。但是，懲罰制度畢竟是手段而非目的，務必搭配獎賞制度實行，否則過於嚴厲的懲罰會傷害員工積極性，導致人才流失，弱己強敵。

054

# 日清日畢定律

日事日畢，日清日高。企業的優秀和卓越不是來源於多麼激昂的豪言壯語，而是源自平常的點點滴滴和踏實的做好每一個細節，只爭朝夕，日積月累，成功就變成了一種習慣、一個必然。

日清日畢是「日事日畢，日清日高」的簡稱，意思是每天的工作每天完成，而且每天的工作品質都有提高一點。這其中包含了管理大師彼得．杜拉克的目標管理思想：即將一個大目標分解成一年、一月，甚至一天的小目標，實現了每一天的小目標後，大的目標自然就實現了。每天進步一點既是腳踏實地，又能構建起宏偉的夢想。

任何事情如果沒有時間限制，就如同開了一張空頭支票。只有懂得利用時間為自己施加壓力，事情才能如期完成。所以最好制訂每日的工作進度表，記下事情，定下期限。每天都有目標，也都有結果，日清日新。

為自己尋找巧妙的藉口，或有意忙些雜事來逃避某項任務，只能使你在這種壞習慣中愈陷愈深。今日不清，必然累積，累積就拖延，拖延必墮落、頹廢。延遲該做的事會浪費工作時間，也會造成不必要的工作壓力。

055

# 多米諾效應

因關係緊密、由小到大而發生的一系列連鎖反應，就像多米諾骨牌一樣，只要有一塊倒下，其餘的就會一個接一個倒下。千里之堤，潰於蟻穴，要注意防微杜漸、堵塞漏洞。

骨牌最早起源於中國宋代。一八四九年，義大利傳教士多米諾將骨牌帶回米蘭，作為禮物送給了他的女兒，而後，為了讓更多人喜歡上高雅的骨牌遊戲，他製作了大量的木製骨牌。不久，木製骨牌迅速在義大利及整個歐洲傳播開來，骨牌遊戲成了歐洲人一項重要的高雅運動。後來，人們就將這種骨牌遊戲命名為「多米諾」。

無論是在政治、軍事，還是在商業領域中，只要產生一倒百倒的連鎖反應，就是「多米諾效應」。多米諾效應展示了一個有著複雜和普遍聯繫的世界，就像「泛大西洋」號海輪的沉沒。船上的每個人都犯了一點小錯誤，但誰都沒有去注意，結果導致了這條最先進的船，船毀人亡。

在企業的快速發展中，同樣存在著許多漏洞和隱憂，而這些漏洞和隱憂能否及時得到解決，將決定企業的生死存亡。

056

# 波特定理——英國行為科學家波特

當遭受許多批評時，受批評者往往只記住開頭，其餘就不聽了，因為他們忙於思索論據來反駁開頭的批評。在指責別人錯誤時，當頭棒喝往往會傷害別人的自尊心，旁敲側擊不但讓人易於接受，還能令人留下好印象。

有一天，史瓦布到廠房巡視，無意間發現一些工人正圍在牆角抽菸，而牆上卻明確寫著「嚴禁菸火」四個大字。當時，他非常生氣，但他仍強壓著怒火，並沒有理直氣壯的質問他們，或對他們當頭棒喝。相反，他悄悄走過去，接著掏出自己的菸盒，遞給每人一支菸，然後才若有所指說：「大家還是到離廠房遠一點的地方抽吧！」

那些工人聽了之後，意識到自己犯了一個原則性的錯誤，而面前的上司竟然如此寬容，因此都非常自責，下定決心以後一定不再犯同樣的錯誤。

心理學研究表示，接受批評最主要的心理障礙，是擔心批評會傷害自己的面子，損害自己的利益。為此，在批評前要幫助被批評者消除這個顧慮，這樣才能使他聽得下去。而消除顧慮較好的方法，就是先表揚、後批評，亦即在肯定他的成績基礎上，再對他進行適當的批評。

# 057 雷尼爾效應

華盛頓大學教授的薪資，80%以貨幣形式支付，20%是以美好的環境來支付的。知道員工的真正需求，才能留住人才。

雷尼爾效應起源於美國西雅圖華盛頓大學的一次風波。校方選擇了一處地點，想在那修建一座體育館。消息一傳出，立即遭到教授們的強烈反對，後來，學校很快採納了教授們的意見，取消了這一計劃。原來，這塊土地正好在校園的華盛頓湖畔，體育館一旦建成，就會擋住教職員每天都能欣賞到的湖光山色。

為何校方會採納教授們的意見？原來，華盛頓大學教授的薪資，80%是以貨幣形式支付，另外20%則由良好的自然環境補償。若因為修建體育館而破壞景觀，就意味著薪資降低，教授們會流向其他大學，學校就不能以原來的薪資聘請到同程度的教授。

由此例可得知：在當今的企業營運中，僅僅依靠物質獎勵來激勵員工，已變得愈來愈不適宜。工作本身所需的勞動力在減少，所需的智力和創造力在增加，而員工享有充分的選擇權，人力資本就有了很大的流動性。因此，想留住有才華的員工，就必須為員工創造一種無形的財富。

# 058 古狄遜定理——英國證券交易所前主管古狄遜

一個累壞了的管理者，是一個最差勁的管理者。

有一天，一個小男孩問迪士尼的創辦人華特：「你會畫米老鼠嗎？」「不，我不會畫。」華特說。「那麼你負責想所有的笑話和點子嗎？」「也不，我不做這些。」男孩很困惑，接著追問：「那麼迪士尼先生，你到底都做些什麼啊？」

華特笑了笑，回答說：「有時我把自己當作一隻小蜜蜂，從片廠一角飛到另一角，蒐集花粉，給每個人打打氣，我想，這就是我的工作。」

在童言童語之間，一個管理者的角色不言可喻。不過，一個團隊管理者不只是替人打氣的小蜜蜂，還是團隊中的靈魂人物。他應該做到五件事：選擇適當人才；明訂團隊目標與方向；釐清成員權責；取得適當資源，有效指引成員找到方法；有能力追蹤或審視團隊的績效，帶領執行計劃，激發團隊成就。做到這些，員工們就會死心塌地跟著管理者奮鬥，自然達到工作業績。

一個能力極強的人，並不一定能管理好企業。管理的真諦不是要管理者自己做事，而是要他管理別人做事。再有能力的領導者，也要借助他人的智慧和能力。

# 059 拜倫法則——美國內陸銀行總裁拜倫

授權他人後就完全忘掉這回事，絕不干涉。管理是讓別人工作的藝術。

管理的祕訣在於合理的授權。所謂授權，就是指為讓部屬完成任務，領導者將權力的一部分和相應的責任授予部屬。使領導者能做經營的事，部屬能做部屬的事。

近幾年來，全球企業正經歷一場轉折，從以前的家庭式企業，一人決策的集中控制管理，逐步被分權和授權的方式所取代。隨著企業規模的迅速擴大和全球化戰略的實行，公司管理者統管一切的方式，不僅在方法上行不通，對組織的成長也是有害的。

合理的授權既能給員工發展的空間，有助於培養員工的工作能力，提高士氣，使員工更加積極的參與企業的運作和管理，從而增強企業的競爭力；又能使管理者擺脫能由員工完成的日常事務，抽出更多時間專心處理重大決策問題，督導員工工作，提高團隊效率。

善於授權的企業能創造一種「領導氣候」，使員工在此「氣候」中自願從事富有挑戰性的工作。授權可以發現人才、利用人才、鍛鍊人才，使企業出現一個朝氣蓬勃、生龍活虎的局面。

## 060 赫勒法則——英國管理學家赫勒

當人們知道自己的工作成績有人檢查時，會加倍努力。如果你強調什麼，你就檢查什麼，你不檢查就等於不重視。

通常品質檢驗人員與生產人員在企業中扮演的是交通警察與計程車司機的角色，玩著貓捉老鼠的遊戲。有時，品質檢驗人員又必須扮演消防隊員的角色，哪裡有火就出現在哪裡，他們用複雜而繁瑣的工具及系統來分析、查找問題的原因，透過嚴格的獎懲、監督考核制度來對付出現品質問題的人或部門。

為什麼品質檢驗人員與生產人員會出現這樣的對立呢？為什麼品質檢驗人員在一家企業裡這麼重要呢？美國政治學家潘恩甚至說：「若無人監督，對國王是不能信任的。」杜拉克大師的「目標管理」在全球普及甚廣，但在實施時卻有很多企業效果不如預期，其中一個痼疾就是不完善的工作追蹤。若沒有工作追蹤，目標管理也就只剩下美麗的目標空殼。

根據管理大師杜拉克的觀點，想要完全實現企業的計劃與目標，就必須透過設定目標對整個組織的行為進行控制和追蹤，以調配組織和各種資源，圍繞目標往前走。

061

# 吉德林法則——美國通用汽車顧問查理斯・吉德林

將難題清楚的寫出來，便已經解決了一半。雜亂無章的思維，不可能產生有條有理的行動。

在瞬息萬變的環境下，如何才能最有效的解決難題，並沒有一個固定的規律。但是，成功並不是沒有公式可循的，遇到難題，不管你要怎麼解決它，成功的前提是看清難題的關鍵所在。找到了問題的關鍵，也就找到了解決問題的方法，剩下的就是如何具體實行。

美國華盛頓廣場有一座宏偉的建築——傑弗遜紀念館大廈。這座大廈歷經風雨滄桑，年久失修，表面斑駁陳舊，政府非常擔心，便派專家調查原因。

調查的最初結果認為侵蝕建築物的是酸雨，但後來的研究表示，酸雨不至於造成那麼大的危害，最後才發現原來是沖洗牆壁所含的清潔劑，對建築物有強烈的腐蝕作用，而該大廈牆壁每日被沖洗的次數多於其他建築物，因此腐蝕也就比較嚴重。

問題是為什麼要每天清洗？因為大廈被大量的鳥糞弄得很髒。

為什麼大廈有那麼多鳥糞？因為大廈周圍聚集了很多燕子。

為什麼燕子會聚集在這裡？因為建築物上有燕子愛吃的蜘蛛。

為什麼這裡的蜘蛛特別多？因為牆上有蜘蛛最喜歡吃的飛蟲。

為什麼這裡的飛蟲這麼多？因為飛蟲在這裡繁殖特別快。

為什麼飛蟲在這裡繁殖特別快？因為這裡的塵埃最適合飛蟲繁殖。

為什麼這裡的塵埃最適合飛蟲繁殖？

其實真正的原因並不在塵埃，而是塵埃在從窗子照射進來的強光作用下，形成了獨特的刺激，致使飛蟲繁殖加快，因而有大量的飛蟲聚集在此繁殖，於是提供了蜘蛛豐盛的大餐。蜘蛛的大量聚集又吸引了成群的燕子往返流連。燕子吃飽了，自然也為大廈留下了大量糞便……

因此解決問題的最終方法是：拉上窗簾。結果，傑弗遜大廈至今完好。

要想解決問題，必須清楚問題出在哪裡。看到了問題的癥結所在，也就找到了解決問題的辦法。所以，遇到問題後，首先要分析問題，只有這樣，在解決問題時才會得心應手，事半功倍。將難題清楚的寫出來，便已經解決了一半。

## 062

# 百人規則——英國史蒂芬・約瑟劇院導演亞倫・艾奇布恩

如果你遇見員工而不認得，或忘了他的名字，那你的公司就太大了點。攤子一旦過大，你就很難將它照顧周全。

組織規模迅速擴張，使得組織變得臃腫但不強壯。等組織變複雜了，它的獲利卻大大降低了，這是因為公司進行了很多周邊的瑣碎事務。讓公司變得複雜的行動，是人類行為中最降低效率的行為。

這些瑣碎無用的多數，代表著組織裡無所不在的惰性和無能，它們和組織中有活力和創造性的力量混雜一處，結果常使我們分不出垃圾，也看不見寶石。

所有複雜的組織都存在資源浪費和效率低下的情況，特別是一些大型的組織。他們沒有專注在應該關注的事情上，很多大型組織一直都在進行昂貴的、無生產力的活動，這種活動的數目極其龐大。

優秀公司最重要的特色，莫過於能及時靈活的採取行動。許多公司雖然組織龐大，但它們並未因過分複雜而停滯難行。它們從不沉溺於長篇大論的公文報告，也不設立僵化的組織結構。

一般公司內常見的抱怨是組織過分複雜，然而，令人耳目一新的優秀公司卻沒有這樣的問題。

在我們看來，優秀公司的結構形式只有一種關鍵的特性——簡單。只要具有簡單的組織形式，很少的員工就可以完成工作。事實上也是這樣，大部分優秀公司的管理階層員工相對較少，管理階層多數是在實際工作中解決問題，而不是在辦公室裡審閱報告。

在基層，實際操作者多而管理者少。因此，我們粗略的得出「百人規則」，即大型公司的核心領導層沒有必要超過一百人。愛默生電氣公司擁有五．四萬名員工，但公司總部員工少於一百人。達納公司擁有三．五萬名員工，但總部已由一九七年〇的五百人減少到現在的大約一百人。施盧姆貝格爾探油公司是一家擁有六十億美元資產的多元化石油服務公司，以大約九十名管理人員經營著這個覆蓋全球的大帝國。

麥當勞的管理人員也很少，正像雷．克拉克那句歷久不衰的格言：「我相信公司的管理階層應該是『人愈少愈好』。」所以一個企業，尤其是小型公司，盡量不要設分管職能的副職。一個副職夾在總經理和部門經理之間，往往成為可有可無的擺設。更嚴重的是，多了一個可以推諉責任和釀造是非的人。

因此，想讓你的組織更有效率、更有活力，就必須先替你的組織減肥。

063

# 柯希納定律——管理學家柯希納

在管理中，如果實際管理人員比最佳人數多兩倍，工作時間就要多兩倍，工作成本就多四倍；如果實際管理人員比最佳人數多三倍，工作時間就要多三倍，工作成本就多六倍。

柯希納定律再簡單不過，它告訴我們：在管理上，並不是人多就好，人多嘴雜，需要統合意見的時間就越多，效率就越差。若實際管理人員比最佳人數多兩倍，工作時間就要多兩倍，工作成本就要多四倍；若比最佳人員多三倍，工作時間就要多三倍，工作成本就要多六倍。

事實上，管理諮詢公司人員人數少、薪資高的例子，就是明證。一個組織若是想要提高工作效率，先要辭退那些只會製造矛盾的人員，以減少統合意見的時間。只有找到適合組織的最佳管理人員，貫徹管理工作，組織才會擁有一個較高的效率。

柯希納定律雖是針對管理人員而言，但是只有在每個部門都真正達到了人員的最佳數量時，才能達到企業的利益最大化。

064

# 奧卡姆剃刀——英格蘭邏輯學家威廉

如無必要，勿增實體。不要人為的將簡單事情複雜化。

十四世紀前期，從法國的一所監獄中逃出一名囚犯。那時正是歐洲的黑暗時代，一個犯人越獄算不了什麼大事，可是這個人非比尋常，他是一位很有學問的基督教教士——威廉，人稱「駁不倒的博士」。他曾在巴黎大學和牛津大學學習與研究，屬於方濟會教派。他發表的言論，有許多意見與當時的羅馬教廷不合，因此遭到囚禁。

威廉在逃獄後，跑到巴伐利亞去找那裡的公爵，他對公爵說了一句很有名的話：「你用劍保護我，我用筆保護你。」於是正在和教廷鬧彆扭的公爵立刻收容了他。

隨後，威廉著書立說，名聲大振。他對當時無止境的關於「共相」、「本質」之類的爭吵感到厭倦，主張唯物論，只承認確實存在的東西，認為那些空洞無物的普遍性概念都是無用的累贅，應當被無情的「剃除」。

這也就是威廉所謂的「思維經濟原則」。因為他是英國奧卡姆人，人們就將他的這種思想稱為「奧卡姆剃刀」。在企業管理中，奧卡姆剃刀定律可以進一步演化為簡單與複雜定律：把事情變複雜很簡單，把事情變簡單很複雜。

065

# 彼得原理——管理學家勞倫斯·彼得

人們在某一個職位取得一定成就之後，就會趨向於被晉升到更高一級的職位，一直晉升到自己不能勝任的職位為止，這樣，就可能導致企業裡的所有職位都被不勝任的人佔據。

管理學家勞倫斯·彼得一九一七年生於加拿大，一九五七年獲美國華盛頓州立大學學士學位。他閱歷豐富，博學多才，著述頗豐。

「彼得原理」是彼得經過對千百個有關組織中，不能勝任的失敗實例的分析而歸納出來的，首次公開發表於一九六〇年九月美國聯邦出資的一次研習會上，聽眾是一群負責教育研究計劃，並剛獲晉升的專案主管，彼得認為他們多數人「只是拚命想複製一些老掉牙的統計習題」，於是引用彼得原理說明他們的困境。

演說遭到與會者的敵意與嘲笑，但是彼得一九六五年依然決定以獨特的諷刺手法呈現彼得原理，於是寫成了《彼得原理》一書，定稿，儘管所有案例研究都經過精確編纂，且引用的資料也都符合事實，該書的手稿卻遭到十六家出版社的無情拒絕。一九六六年，作者在報紙上零星發表了幾篇論述同一主題的文章，讀者的反應異常熱烈，引起各個出版社趨之若鶩。

一九六九年二月《彼得原理》出版，他在書中提出：「人們在某一個職位取得一定成就之後，就會趨向於被晉升到更高一級的職位，一直晉升到自己不能勝任的職位為止。這樣一來，就可能導致企業裡的所有職位都被不勝任的人佔據。而在新的職位上，被晉升者使用的往往是他們在低層次職位上使用的管理經驗和辦法，顯然，這在更高層次是不適用的。

彼得的這一發現在西方曾被評價為：可以和科學史上牛頓、哥白尼的發現相媲美的、最深刻的社會和心理學發現。

因此，企業需要改變單純的「根據貢獻決定晉升」的晉升機制，不能因某個人在某一個職位上表現出色，就推斷此人一定能夠勝任更高一級的職務。要建立科學、合理的人員選聘機制，客觀評價每一位員工的能力，將員工安排到可以勝任的職位。

對個人而言，雖然我們每個人都期待不停的升職，但不要將往上爬作為自己的唯一動力。與其在一個無法完全勝任的職位勉強支撐、無所適從，還不如找一個自己能游刃有餘的職位，好好發揮自己的專長。

因此，根據彼得原理，提拔職員一定要著眼於潛力，重視人與職位的匹配，目前的成績並不能作為提升的理由，而要看到他是否能在更高層次上發揮能力。

066

# 俄羅斯套娃定律——廣告業的創始人奧格威

評價一個經理人的表現，不僅要看他個人本身的才能，還要看他的部屬是否菁英輩出。

奧格威在一次董事會上，事先在每位與會者面前放了一個玩具娃娃。那是有名的玩具——俄羅斯套娃

「大家都打開看看吧！這裡面就代表著你們自己！」奧格威說。

董事們很吃驚，疑惑的打開了玩具，發現裡面還有一個小一號的玩具娃娃；打開它，裡面還有一個更小的，接下來還是如此。當他們打開最後一層時，發現娃娃身上有張紙條，那是奧格威寫的留言：「你要是永遠都只任用比自己差的人，那麼我們的公司將淪為侏儒；你要是敢啟用程度比自己高的人，我們就會成長為巨人公司！」這就是有名的「俄羅斯套娃定律」，也就是「奧格威法則」。

評價一個主管的表現，不僅要看他本身的才能，還要看他的部屬是否菁英輩出。公司應將主管能否帶領優秀部屬，發揮出最佳團隊精神，作為評價主管管理能力的重要指標。管理者不可能是全才，部屬在某一方面超越自己也是很正常的事。實驗證明，一個管理者任用比自己強的人愈多，其事業成功的機率也就愈大。

067

# 蘑菇管理原則——二十世紀七〇年代的一批電腦工程師

將初學者置於陰暗的角落（不受重視的部門，或打雜跑腿的工作），澆上一頭污水（無端的批評、指責、代人受過），任其自生自滅（得不到必要的指導和提攜）。「蘑菇」的經歷對於成長中的年輕人來說，就像蛹，是化蝶前必須經歷的一步。

據說，「蘑菇管理原則」是二十世紀七〇年代一批年輕的電腦工程師提出來的，這些天馬行空、獨來獨往的人早已習慣了人們的誤解和漠視，所以年輕的電腦工程師就經常形容自己「像蘑菇一樣的生活」。因為蘑菇生長在陰暗的角落，得不到陽光，也沒有肥料，自生自滅，只有長到足夠高的時候，才開始被人關注，可是此時它已經能自己接受陽光了。在這項「原則」中，自嘲和自豪兼而有之。

相信很多人都有這樣一段「蘑菇」的經歷，但這不一定是什麼壞事，尤其是當一切都剛開始的時候。對於剛出校園的學生來說，一般都有一些通病：自命不凡、激情四射、驕傲浮躁、不甘心做配角等。讓他們當上幾天「蘑菇」，能夠消除他們許多不切實際的幻想，讓他們更加接近現實，看問題也更加實際。

## 068

# 帕金森定律——英國歷史、政治學家諾斯科特·帕金森

一個不稱職的官員，可能有三條出路：一是申請退休，將位子讓給有能力的人；二是讓一位有能力的人來協助自己工作；三是聘用兩個程度比自己更低的人當助手。

帕金森定律深刻揭示了行政權力擴張引發人浮於事、效率低下的「官場傳染病」。一個不稱職的官員，可能有三條出路：一是申請退休，將位子讓給有能力的人；二是讓一位有能力的人來協助自己工作；三是聘用兩個程度比自己更低的人當助手。

第一條路是萬萬走不得的，因為這樣會喪失許多權利；第二條路也不能走，因為那個有能力的人將會成為自己的對手；看來只有第三條路可以走了。

於是，兩個平庸的助手分擔了他的工作，減輕了他的負擔。由於助手的平庸，不會對他的權力構成威脅，所以這名官員從此就可以高枕無憂。兩個助手既無能力，他們只能上行下效，再為自己找兩個更加無能的助手。如此類推，很快就形成了一個機構臃腫、人浮於事、效率低下的領導體系。

069

# 華盛頓合作定律——美國前總統華盛頓

一個人敷衍了事，兩個人互相推諉，三個人則永無成事之日。在用人上不僅要考慮人才的才智和能力，更要注意人力資源的整合。

人又何嘗不是如此，每個人都想出人頭地，可是總有一些人害怕別人超過了自己，而為別人的成功設置各種障礙。可是互相拆台的最終結果是：誰都無法獲得成功。

「一個人敷衍了事，兩個人互相推諉，三個人則永無成事之日。」這是人性的弱點，也是我們每個人的弱點。美國前總統華盛頓看到了這一點，中國的古人也早就看到了這一點，否則怎麼會有「三個和尚沒水喝」的說法。

許多時候，人多力量未必大。人與人之間的合作不是簡單的力量和智慧的相加，而是更微妙和複雜。

在人與人的合作中，假設每個人的能量都是一，那麼十個人的能量可能比十大得多，也可能比一還小，因為人的合作不是靜止的，它像是方向各異的能量，相互推動時自然事半功倍，但是相互牴觸時便一事無成。

070

# 需求層次理論——美國心理學家馬斯洛

人的行為是由需求決定的。人在滿足了生存、安全的需求之後，就渴望被尊重，希望人格與自身價值被承認。

需求層次理論是研究組織激勵時應用最廣泛的理論。一九四三年馬斯洛（美國著名的社會心理學家、人格理論家和比較心理學家、人本主義運動的發起者之一，和人本主義心理學的重要代表，也是第三勢力的重要領導者）在《人類動機的理論》一書中提出了人的需求層次理論，並在一九五四年完成的《動機與人格》一書中完整的闡述了這個需求層次理論。

需求層次理論的構成根據四個基本假設：

1.人要生存，他的需求能影響他的行為。只有未滿足的需求能夠影響行為，滿足了的需求不能充當激勵工具。

2.人的需求依重要性和層次性排成一定的次序，如食物和居住環境到自我實現。

3.當人的某一層級需求得到最低限度的滿足後，才會追求高一級的需求，如此逐級上升，成為推動繼續努力的內在動力。

4.滿足高層次需求的途徑多於滿足較低層次需求的途徑。

在馬斯洛看來，生理需求是人類最基本的需求和欲望；人類不會安於底層的需求，較低層的需求被滿足之後，就會往高處發展；滿足生理需求之後就追求心理滿足和社會認同，之後就想被愛、被尊重，希望人格與自身價值被承認。這是人類共同的特質。

一個企業應首先滿足全體員工的生理需求和安全感需求。在員工的生理需求和安全感需求得到基本滿足後，他們可能會繼續關注這兩個層次的需求，而不轉向對更高層次需求的關注。因此，應該在企業文化營造和企業價值觀引導方面做積極的工作，啟發員工嚮往更高層次的需求，如此，將有利於員工身心的健康發展。

馬斯洛的需求層次理論說明，人的行為是由需求決定的，而只有未滿足的需求才能發揮激勵作用。

071

# 洛克忠告——英國教育家洛克

規定要少，但制訂之後，便要嚴格遵守執行。一個企業的成功，30％靠策略，40％靠執行。

俗話說：「無規矩，不成方圓。」在管理中，將事情標準化、制度化，讓各職能部門有章可循，員工按部就班，能提高管理效率。要做到這些，制訂各種規定就不可避免。如何制訂規定，從而使企業以最好的狀態運轉，是每個管理者不可忽視的問題。

少訂規定會讓員工有較大的個人發展空間，在工作中充分發揮積極性和創造性，從而提高企業的效率。但是，規定若是不能嚴格執行，那會比沒有規定還糟。適當的規定，並得到嚴格執行是成功的保證。

古語云：「慈不掌兵！」一個優秀的管理者應該堅持正確的原則，雖然推行的結果可能會得罪一些高層人士，從而導致自己的職位不保，但是如果你的政策無法推行，那麼同樣沒有前途。其實，只要你是真正客觀公正的執行規定，而不是關注自己的私利，你會得到員工的尊重。

企業的本質就是執行。在目標——執行——結果這一企業的基本流程中，目標的制訂是經營者在很久以前就決定的事。結果的好壞，是一個年度或許久以後才能統計出來的數字。

為什麼滿街的便利商店，只有 7-ELEVEN 一枝獨秀呢？為什麼滿街的咖啡店，只有星巴克高朋滿座呢？其實各家店策略基本相同，結果卻不一樣，原因便在於執行力不同！權威人士說：「一個企業的成功，30％靠策略，40％靠執行。」顯然，執行比策略更重要。

你可以不進行模式的創新，只需要像多數企業那樣採取尾燈戰略。但是，你卻不能沒有完成任務的能力。即使你靠獨創的經營模式，拉開了與競爭對手之間的距離，但若執行的力度不夠，就一定會被模仿者追上。

規定的生命在於執行，行勝於言，最終也只有結果才能夠說明一切。優良的規定，一定是有利於創新的規定，而有了規定，就需要嚴格的執行。規定的成敗在於我們如何正確的執行，否則再好的規定都不過是一紙空言。

072

# 共生效應

在自然界，一株植物單獨生長時，往往長勢不好，沒有生機，甚至枯萎衰敗，而當眾多植物一起生長時，卻能相互影響、促進，長得挺拔茂盛。

就如生意不能遠離大市場，靠市場才能賺錢，遠離了大市場，就等於遠離了賺錢的可能性。共生效應也叫群聚效應。無論在自然界還是人類社會都是一樣，任何人與事都具有相對集中的傾向。

在現今市場競爭中，共生效應的重要性日益顯著。現今競爭早已脫去了那層血淋淋的外衣，互補互助，共同謀利，成為新一輪競爭中的重要手段。企業間組成戰略同盟，可以取長補短，發揮資源的協同作用，從而形成共生型渠道關係，節省企業成本，避免重複建設，實現雙贏，這樣才更能贏得市場。

與共生效應類似的還有叢林法則。在艱難的環境中，一片樹林總是比一棵樹苗更能抵禦狂風暴雨，存活下來的機會也更大。

在寒冷的冬天裡，一群小企鵝緊縮成一團，禿鷹不敢輕舉妄動，而不遠處的一隻小企鵝因離團隊太遠，未能及時趕回，不幸成為禿鷹的獵物。在殘酷的競爭中，個人的力量畢竟有限，與其在危機四伏的「陣地」中孤軍奮戰，不如尋找戰略夥伴，就像那些小企鵝一樣。

# 073 霍茲華斯法則——美國戲劇理論家霍茲華斯

商業的本質就是叫人願意與你合作。要讓別人與你合作，你首先就應是一個有效的合作者。

《華爾街日報》曾與哈里斯互動公司進行過一項聯合調查，結果顯示，美國公司在招聘企業管理專業的畢業生時，最重視的特質是處理人際關係的技巧和團隊合作的能力。「學生從商學院裡學習了很多特質和才能，但是溝通和處理人際關係的能力，顯然是招聘人員最為看重的特質。」

隨著知識型員工的增多以及工作內容智力成分的增加，愈來愈多工作需要團隊合作完成，因此團隊更加強調組織中，個人創造性的發揮和整體的協同合作。如果不能將團隊成員整合在一起，那麼不管是多少個菁英，也只能是一盤散沙。

## 074 史密斯原則——美國通用汽車公司前董事長羅傑・史密斯

如果你不能戰勝他們，你就加入到他們中間。不要一意孤行，如果潮流擋不住，至少，你要去思考為什麼。

作為全球最大的汽車製造商，到目前為止，美國通用汽車已經長達七〇年穩居全球銷售量第一的寶座。不過，這個成立於一九〇八年企業的發展過程並不是一帆風順。在二十世紀九〇年代初，通用汽車差點慘遭淘汰，拯救這個企業的，便是一九八一年出任董事長的羅傑・史密斯，以及他倡導的「史密斯原則」。

傳統的企業競爭通常是採取一切可能的手段擊敗競爭對手，將其逐出市場。企業的成功是以競爭對手的失敗和消失為基礎。「有你無我，勢不兩立」是市場通行的競爭規則。但是在新的形勢下，傳統的競爭方式發生了根本的變化，企業為了自身的生存和發展，需要與競爭對手進行合作，建立戰略聯盟，即為競爭而合作，靠合作來競爭。

在激烈競爭的環境下，硬碰硬的競爭手段換取的往往是兩敗俱傷的結果，而在競爭中採取共生的合作，不失為明智之舉。

075

# 韋爾奇原則——美國通用電氣公司總裁傑克・韋爾奇

我的全部工作便是選擇適當的人。讓合適的人做合適的事，這才是領導的藝術。

——「經理人中的經理人」傑克・韋爾奇

在最近一次全球前五〇〇名經理人員大會上，傑克・韋爾奇透露他成功的重要祕訣：通用電氣公司成功的最重要原因是用人。傑克・韋爾奇為通用電氣做的最後一件重要工作，就是在退休前選定了自己的接班人伊梅爾特。

與很多CEO不同，傑克・韋爾奇將百分之五十以上的工作時間花在人事上，他自認為他最大的成就是關心和培養人才。韋爾奇曾說：「我們所能做的是將賭注押在我們所選擇的人身上。因此，我的全部工作就是選擇適當的人。」

韋爾奇認為，企業的高級管理階層要有慧眼識英才的本領，挑選合適的人並放在合適的崗位上，讓人才成長並為公司所用，是領導者最重要的職責。他說：「領導者的工作，就是每天把全世界各地最優秀的人才招攬過來。他們必須熱愛自己的員工，擁抱自己的員工，激勵自己的員工。」

管理的任務其實很簡單，就是找到合適的人，然後把他放在合適的位置，鼓勵他們用自己的創意完成手上的工作。

# 076 海潮效應

海水因天體的引力而湧起，引力大則出現大潮，引力小則出現小潮，引力過弱則無潮。

一個企業應該有這樣的人力資源管理理念：以待遇吸引人，以感情凝聚人，以事業激勵人。

採納不以「才」小而不敬，敢向天下人昭示自己尊重人才、招募人才的誠心，所以能夠吸引四方賢士紛至遝來。對企業來說也一樣，是否擁有企業不斷發展所需要的優秀人才，已經成為企業經營成敗的關鍵，而吸引、留住人才要靠自身的吸引力，沒有吸引力的企業就無法留住人才。

日本松下公司的創始人松下幸之助在創業之初，就特別重視加強企業的向心力，藉此留住員工，特別是尖端的技術人員。經過幾十年的努力，松下終於發展成為世界聞名的大企業。

# 077 橫山法則——日本社會學家橫山寧夫

最有效並持續不斷的控制不是強制，而是觸發個人內在的自發控制。

在一家企業裡，如果員工只是像機器一樣，機械性的執行管理者的命令，即使他能做到百分之百的準確，也難以為企業做出創造性的貢獻。

在管理的過程中，我們時常強調「約束」和「壓制」，事實上這樣的管理往往適得其反。如果人的積極性未能充分受到運用，規矩愈多，管理成本愈高。聰明的企業家懂得在「尊重」和「激勵」上下工夫，瞭解員工的需要，然後滿足他。只有這樣，才能激起員工對企業和工作的認同，激發他們的自發控制，從而化消極為積極。真正的管理，就是沒有管理。

如何才能讓員工做到自我管理？那就是處處從員工利益出發，為他們解決實際問題，提供他們自我發展的機會，尊重他們，營造愉快的工作氛圍。做到了這些，員工自然就和公司融為一體，也就達到了員工的自我控制。

在一家企業裡，如果員工只是像機器一樣，機械性的執行管理者的命令，即使他能做到百分之百的準確，也難以為企業做出創造性的貢獻。

# 078 溝通的位差效應——美國加利福尼亞州立大學

來自領導階層的資訊只有百分之二十至百分之二十五被部屬知道，並正確理解，而從下到上反饋的資訊則不超過百分之十，平行交流的效率則可達到百分之九十以上。

平等交流是企業成功的保證：有平等才有忠誠，有平等才有效率，有平等才有競爭力。

研究發現，平行交流的效率之所以高，是因為它建立在平等的基礎上。在企業中，資訊的交流主要有三種：上傳、下達、平行交流。前兩種是非平等交流，後一種為平等交流。要想使溝通變得有效，就要將平等的理念注入到前面兩種交流形式中。

美國加利福尼亞州立大學在研究企業內部溝通時發現，在企業內建立平等的溝通管道，能大大增強領導者與部屬間的協調溝通能力，使他們在價值觀、道德觀、經營哲學等方面很快達成一致；能使上下級之間、各個部門之間的資訊形成較為對稱的流動，業務、資訊、制度也更為通暢，資訊在執行過程中發生變形的情況也會大大減少。

美國著名的未來學家約翰・奈斯比特曾說：「未來的競爭將是管理的競爭，競爭的焦點在於每個社會組織內部成員之間，以及與外部組織的有效溝通上。」

079

# 霍桑效應

對那些未能實現的意願和未能滿足的情緒，切莫壓抑克制，而要千方百計的讓它宣洩出來，這對人的身心和工作都有利。

美國芝加哥市郊外的霍桑工廠是一間製造電話交換機的工廠，它擁有較完善的娛樂設施、醫療制度和養老金制度，但工人們仍憤憤不平，生產狀況也不盡理想。

為探求原因，一九二四年美國國家研究委員會組織了一個由心理學專家參與的研究小組，在該工廠展開一系列實驗研究。

這研究的中心課題，是生產效率與工作的物質條件間的相互關係。研究中有個「談話實驗」，即專家們用兩年多的時間找工人個別談話二萬餘次，並規定在談話過程中，必須耐心傾聽工人對廠方的各種意見和不滿，並詳細記錄，對工人的不滿意見不許反駁和訓斥。沒想到，這一「談話實驗」竟收到了意想不到的效果：霍桑工廠的效益大幅提高。

心理學家分析，「談話實驗」使他們將這些不滿都發洩出來，從而感到心情舒暢，幹勁倍增。社會心理學家將這種奇妙的現象稱為「霍桑效應」。

080

# 藍斯登定律——美國管理學家藍斯登

跟一位朋友一起工作，遠比在「父親」之下工作有趣得多，也有效率得多。

很多公司的管理者喜歡在公司裡板起面孔，做出一副「父親」的模樣。他們或許認為這樣才能贏得部屬的尊重，樹立自己的權威，進而方便管理。但是，美國管理學家藍斯登在分析大量調查資料後得出一個結論：企業內部生產效率最高的群體，並不是那些薪資最豐厚的員工，而是工作心情舒暢的員工。

輕鬆愉快的工作環境能激勵人的才智幹勁，而冰冷嚴肅的氛圍只會讓人心生抗拒，從而影響工作績效。眾人都更喜歡像朋友那樣容易親近的上司，而非板起臉孔說教的老闆。

管理是一門綜合的學問，僅僅將它定義在經濟層面，是狹隘而單一的。任何一個出色的管理者都必然是理智與情感的結合體。管理需要的不只是頭腦，更要靠心、靠情感，不要用冰冷的語調和刻板的規定提醒員工他只是一個受雇者。用你的真情打動員工，他們會理解你的感受，會以主人翁的心態來關注公司的發展。

081

# 布羅克法則——美國管理學家布羅克

跟隨一個最能幹、最有權力的主管，能夠更快的實現自己的理想，也能掌握更多的機會。

一天，一隻兔子在山洞前寫論文。一匹狼走了過來，問：「兔子，你在寫什麼？」

兔子答：「論文。」

狼問：「什麼題目？」

兔子答：「《論兔子是如何吃掉狼的》。」

狼哈哈大笑，表示不信，於是兔子便將狼領進山洞。過了一會兒，兔子獨自走出山洞，繼續寫論文。一隻狐狸又走了過來，問：「兔子，你在寫什麼呢？」

兔子的回答和之前一模一樣。狐狸不信，於是像狼一樣，狐狸也被兔子帶進了山洞，之後，只有兔子走了出來。

最後在山洞裡，一隻獅子在幾堆白骨之間，滿意地剔著牙，讀著兔子交給牠的論文：「一隻動物，能力大小並不重要，關鍵看你的老闆是誰。」

強將手下無弱兵，跟隨最能幹、最有權力的主管，你會獲得足夠的成長機會。

082

# 吉伯特定律——美國管理學家瑟夫・吉伯特

人們喜歡為他們喜歡的人做事。

俗話說：「士為知己者死，女為悅己者容。」每個人都願意為自己喜歡的人做事，而且往往會任勞任怨，不計得失。身為一個企業管理者，要想提高公司的營運效率，就必須打造一個融洽的團隊。

人與人之間的關係就是管理學的全部，如果不處理好人與人之間的關係，你就不可能有任何成就。當你的員工為他們個人的問題來向你求教時，這說明他們信任你、敬重你，表示你們之間關係良好，要注意繼續保持這種關係。不管你的員工要與你談什麼，請不要打斷他們的談話或將他們打發走。雖然對你來說，這種問題或許可笑，但也不要置之不理，對你的員工來說重要的事，你也應該看成是重要的。

管理者一些不經意的關懷，換來的可能是部屬長期的忠心耿耿。

雖然這只是一點小小的關心，但員工會一直想著主管的恩德，你會驚奇的發現這種小小的關心，竟使你與員工之間的關係大為改善。好的人緣並不需要花費你多大的精力。一點小小的關心，你的員工就會很喜歡你，而人們都喜歡為自己喜歡的人做事，你的企業因為有這麼多喜歡你的員工為你工作，一定會取得成功。

083

# 德尼摩定律——英國管理學家德尼摩

凡事都應有一個可安置的所在，一切都應在它該在的地方。用人之道，不在於看到部屬多少缺點，而在於怎麼去運用這些人才的優點與缺點，寶貝放錯了地方便是廢物，廢物放對了地方便是寶貝。

法國巴黎有個女孩叫卡芙蓮，天生四隻手臂。她的父親曾為此憂慮，擔心女兒的前途會因身體畸形而受到影響。但後來這個女孩成為了一名排球健將。在比賽中，她利用她四隻靈活的手臂，左推右擋，攻守自如，連連扣殺，令觀眾刮目相看。

看來，特殊的「廢物」其實是一種獨特的資源，用人之道，不在於看到部屬多少缺點，而在於怎麼去運用這些人才的優點與缺點，寶貝放錯了地方便是廢物，廢物放對了地方便是寶貝。管理者要做好不同人才的搭配組合，搭配不當，事倍功半；搭配得當，事半功倍。

聚集一群優秀的人才，並不一定能使工作順利進行，只有進行合理的分工後，才能取得輝煌的成果。聰明的組織者在分工時，會考慮員工的優、缺點，進行合理搭配。每個人都有長處和短處，只有將他安排在最合適的位置上時，才能發揮最大的作用。

084

# 皮京頓定理——美國皮京頓兄弟公司總裁阿拉斯塔・皮京頓

人們如果無法明白的瞭解工作的準則和目標，他必然無法對自己的工作產生信心，也無法全神貫注。對企業管理經營者來說，最大的麻煩就是員工無法明確瞭解工作目標和準則。

有一個小和尚擔任撞鐘一職，半年下來，覺得無聊之極。有一天，住持宣布調他到後院劈柴挑水，原因是他不能勝任撞鐘一職。小和尚很不服氣的問：「我撞的鐘難道不準時、不響亮？」老住持耐心的告訴他：「鐘聲是要喚醒沉迷的眾生。你撞的鐘雖然很準時，但鐘聲空泛、疲軟，缺乏渾厚悠遠的氣勢，沒有感召力。」小和尚沒辦法，只好到後院去劈柴挑水。

工作標準和目標是員工的行為指南，缺乏它們，往往會導致員工的努力方向與公司的整體發展方向不統一，造成大量的人力和物力資源浪費。因為缺乏參照物，時間久了員工就容易形成自滿情緒，導致工作懈怠。

組織的效率依賴清晰的目標和明確的指令。而領導者作為發令者，須保證指令的明確和相對穩定性，才能使部屬正確理解領導者的意圖，並制訂出詳細的計劃去完成。

## 085

# 手錶定律——英國心理學家薩蓋

只有一隻手錶能知道是幾點，若擁有兩隻或兩隻以上的手錶，將無法確定時間。兩隻手錶並不能告訴人更準確的時間，反而會讓看錶的人失去對準確時間的信心。

尼采：「兄弟，若你是幸運的，你只需有一種道德而不要貪多，這樣，你過橋會更容易些。」

每個人都有這樣的體驗，當在為個人或企業做決策時，我們總是覺得掌握的資訊不夠充分，於是急於尋找其他的建議和諮詢，而且總覺得尋找的諮詢人士愈多，做出的決策就愈科學、越正確。然而，當各種建議從四面八方向我們襲來，我們卻頓時感覺大腦一片混亂，於是只能綜合一下各種意見，做出一個讓大家都滿意，但不一定合理的決策。當各種意見相左時，就像多餘的手錶一樣，很容易使我們喪失做出正確決策的信心。

所以有時候，建議並非愈多愈好，就像手錶為我們提供的是一個標準，如果連標準本身都不能穩定，那參照這一標準進行的一系列事情就會謬以千里了。

對於決策，我們要做的就是選擇其中較信賴的一隻手錶，盡力調準它，並以此為標準，聽從它的指引行事。

# 086 薩迪定律——波斯著名學者薩迪

國王如果在百姓的園中摘一顆蘋果，大臣就會砍一棵果樹。

街頭小兒傳唱兒歌：「人人穿紫衣，穿上就神氣；升官又發財，不用再費力！楚王好細腰，細腰多苗條；三年不吃飯，餓成水蛇腰！」歌意為：齊景公喜歡穿紫色的王袍，於是全國的人都跟著穿紫衣，使得紫布、紫絹大漲價。楚王喜歡細腰的女子，於是全國的女子都為了減肥而不吃飯。

齊景公有一日問矮小而機智的晏子：「愛卿，我聽孔老夫子對他的學生說：『君子和而不同，小人同而不和。』這是什麼意思？」

晏子說：「主公，所謂『和』者，君甘而臣酸，君淡而臣鹹。君主如果是甜的，那麼，大臣就應該是酸的；君主如果是淡的，那麼大臣就應該是鹹的。只有這樣，才能形成高效能的領導集團結構。如果君主甜，大臣也甜，那就甜得膩人。滿朝文武一個味道，這個領導集團就沒有生氣，這個國家也就沒有創造力、凝聚力和戰鬥力。而且使得世風懶惰，投機取巧，即使有周公制典，尚父領兵，也不能有多大作為。」

齊景公說：「我明白了！天下一色，反而失色。先太史史伯說過：紅黃藍白黑，五色和諧配搭才好看。那麼什麼是『同』呢？」

晏子說：「單調的顏色使人疲倦，單調的聲音使人煩躁，單調的味道使人反胃，這就是『同』的不足。史伯是先太史，他看到先朝『去和而取同』，不准有不同意見、不同風格、不同流派存在，從而預言朝政一定會衰落，果然被他言中了。」

齊景公說：「寡人治國，有沒有這樣的危險呢？」晏子說：「主公，現在我們齊人不論男女老少，聽說主公愛穿紫衣，所以人人穿紫衣，以致全國一片紫色，民趨其利，士求其好，物價飛漲，產業單一，於時無補，於國不利，臣每日面對這一片紫色，竊以為如居累卵！」

齊景公說：「卿言極是。寡人不察，該如何補過呢？」

晏子說：「先王時代，管子說：『千里之路，不可以扶以繩；萬家之都，不可以平以準。』就是說不要千篇一律，千人一面，而應該是『鄉有俗，國有法，飲食不同味，衣服異彩』。他的本義，就是君甘臣酸。」

齊景公悟到晏子之意，於是脫下紫衣，經常換穿不同顏色的衣服，全國的紫衣風潮便自然化解，國人著衣千姿百態，一派生機。

對於現在的管理者來說，如果自己犯了一個小錯，沒有改正卻自以為正確的話，部屬的犯錯率就可能是他的十倍、百倍。

# 087 參與定律——美國著名企業家阿什

每個人都會支持他參與創造的事物。當一個人積極置身於事務之中時，就會激發參與的責任心和濃厚的興趣，全力以赴投入工作。

企業的決策和實施都是：關鍵決策通常由幾位高級主管制訂，然後不管員工能否參與或融入其中，就在企業內部推行。這樣的結果常常會延滯企業戰略決策的推行。為什麼呢？因為員工的參與才是企業戰略能否貫徹的關鍵。

美國阿肯色大學教授莫利．瑞珀特曾在美國某物流公司總部及其分支機構中做過一個研究。該公司的所有員工都參與了調查，其中有81％的人完成了調查內容。

瑞珀特將調查結果分成參與組與限制組。參與組有明晰的戰略目標，在制訂戰略決策時員工參與程度高，且決策被員工高度認同；限制組戰略遠景模糊，員工在制訂戰略決策時參與度低，對決策缺乏認同。

瑞珀特教授因此得出這樣的結論：工作滿意度和組織參與度與企業的參與性文化密切相關。參與程度高的那組顯示，對戰略決策的認同是工作滿意度的最重要因素，而對戰略決策的參與性是組織參與度的最重要因素。企業只有為員工提供明晰的戰略遠景，增強員工參與設計的戰略，才能從中受益。

088

# 霍布森選擇效應——英國霍布森

沒有選擇餘地的選擇，不是一種選擇。當看上去只有一條路可走時，這條路往往是錯誤的，絕不能在沒有進行選擇的情況下做出重大決定。

英國劍橋有一個馬商名叫霍布森，他在販馬時喜歡將所有馬匹都放出來供顧客挑選，並承諾：不管是買還是租，只要給一個低廉的價格，就能隨意挑選。但他又附加了一個條件：只能挑選能牽出圈門的馬。

實際上這個條件是個圈套，因為霍布森馬圈上的門太小，健壯的好馬根本出不去，只有那些小馬、瘦馬能出去。顯然，他的附加條件等於告訴顧客不能挑選。這種沒選擇餘地的選擇，因此被人們譏諷為「霍布森選擇」。

在我們的管理工作中，有很多現象與「霍布森選擇效應」類似。例如，有些公司的管理者口頭上說要聽取部屬的意見，發揮員工的創造性，但在對重大問題進行民主決策時，往往是部屬們還沒有開口，或者雖然提出了意見，但還沒來得及進行充分研究討論時，管理者自己就拍板定案了。

社會心理學家指出：誰若陷入「霍布森選擇效應」的困境，誰就無法進行創造性的學習、工作和生活。因此，沒選擇餘地的「選擇」就等於無從判斷，就等於扼殺創造。

## 089 瑪麗法則——美國著名企業家瑪麗・凱・阿什

假如還沒有破，就不要去修它，免得弄巧成拙。弄巧之所以成拙，往往是因為本來就無巧可弄。

為了應對「百事挑戰」運動，一九八五年可口可樂公司突然宣佈要改變沿用了九十九年之久的老配方，而採用剛研製成功的新配方，並聲稱要以新配方再創可口可樂在世界飲料行業中的新紀錄，他們用了三年時間，耗資五百萬美元，進行了二十餘萬人次的口味調查和飲用試驗。其中百分之五十五的人認為新配方味道較好。同時，該公司也收到了無數封抗議信和一千五百多次抗議電話，還有人舉行示威，反對改用新配方。可口可樂公司最終「投降」，讓消費者欣喜若狂，同時也使公司轉危為妥。「經典可樂」的銷售量猛增，遠遠超過了以前的水準，顧客忠城度得到了加強。

古今中外的管理者，往往喜歡標新立異，似乎不推出一套新的辦法，就不足以說明自己是個創新者，害怕後人遺忘他。一旦前任退休，後任就推翻前任的約定和制度。其實他們應該學學口可樂公司與瑪麗法則，假如還沒有破，就不要去修它，免得弄巧成拙。

# 090 酒井法則——日本酒井正敬

與其在招募員工時使盡渾身解數、各種方法，不如使自身成為一間好公司，這樣人才自然會匯集而來。

酒井法則的提出者解釋：「如果只是在招募員工時採用各種手段，說盡甜言蜜語，等年輕人進入公司後，發現公司本身並不好，馬上會認為『我受騙了』，接著就會辭職。我的經營指導方針是：不一定做大企業，但要努力做優良的中小企業。公司規模大，並不值得驕傲，值得驕傲的是公司本身優秀。」

目前許多知名企業都十分注重增強企業自身的吸引力來留住人才，人才是企業的根本。對於一間企業來說，重要的是要透過調節對人才的待遇，以達到人才的合理配置，從而加大企業對人才的吸引力。因此企業應該要有這樣的人力資源管理理念：以待遇吸引人，以感情凝聚人，以事業激勵人。

091

# 克倫特定理——英國談判專家克倫特

倉卒達成一項不盡如人意的協定，比根本達不成協定更糟糕；粗糙的做完一件有損失的工作，比根本不做更糟糕。

在勉強的妥協裡，往往隱藏著再次對抗的種子。

英國談判專家克倫特在總結自己的談判經驗時說：「倉卒達成一項不盡如人意的協定，比根本達不成協定更糟糕；粗糙的做完一件有損失的工作，比根本不做更糟糕。因為不做還不會造成損失，倉卒的談生意，對買賣雙方都不是好事。」

企業間不能倉卒達成協定，國家之間更是如此。因為一個協議關係到兩個國家的利益。

通常，在倉卒的談判中，你無法得到最佳的結果。倉卒不利於做出理性的思考和判斷，而且，花時間仔細考慮協議的後果也是十分重要的。一間公司很可能會因為倉卒之中達成的協定而後悔不已。

# 092 斯隆法則——美國通用汽車公司總裁斯隆

在沒出現不同意見之前，不做出任何決策。沒有不同意見，相同意見就極易成為偏見。

美國通用汽車公司總裁斯隆是汽車史上最有影響力的總裁之一，被西方管理學界譽為「現代化組織天才」，著名的麻省理工「斯隆管理學院」就是以他的名字命名的。

關於斯隆，流傳著這樣一則故事：

有一次斯隆主持一個會議，討論一項重要的方案。會議上沒有發生爭議，與會者表示同意公司決策層提出的方案，一致擁護。就在要進行表決時，斯隆卻突然宣布：「現在休會。這個問題延期到我們可以聽到不同意見的時候再開會決策。」據說這則故事就是「爭議決策」理論的起源。

所謂「爭議決策」，就是在決策過程中必須要有激烈的爭論和意見分歧，如果百分之百的贊成就應該暫時擱置，等到詳細調查研究和充分討論之後，再進行決策。換句話說，就是在弄清楚決策情況和意圖的基礎上，廣泛聽取意見，進行平衡利弊，選擇最佳的方案，以達到最佳決策。而通用汽車之所以成為世界汽車業的魁首，與斯隆一直提倡的「爭議決策」有很大的關係。

093

# 德西效應——心理學家德西

在某些情況下，人們在外在報酬和內在報酬兼得的時候，不但不會增強工作動機，反而會減低工作動機。

行為如果只用外在理由來解釋，那麼，一旦外在理由不再存在，這種行為也將趨於終止。

薪資管理得當，可以達到意料之外的良好效果，但如果一味依賴薪資的外在刺激，卻也未必能事事如意，畢竟「金錢不是萬能的」。

行為如果只用外在理由來解釋的話，那麼，一旦外在理由不再存在，這種行為也將趨於終止。因此，如果我們希望某種行為得以保持時，就不要給它足夠的外在理由。

關於這項心理特點，心理學家德西在一九七一年做了一項實驗。他讓大學生做受試者，在實驗室裡解答有趣的智力測驗。

實驗分三個階段：

第一階段，所有的受試者都沒有獎勵。

第二階段，將受試者分為兩組，實驗組的受試者完成一個難題可得到一美元的報酬，而控制組的受試者無報酬。

第三階段，休息時間讓受試者在原地自由活動，並將他們是否繼續解題作為喜愛這項活動的程度指標。

實驗組的受試者在第二階段確實很努力，然而在第三階段繼續參加解題的人數卻很少，說明了興趣與努力的程度在減弱。而控制組的受試者中卻有更多的人花更多休息時間在繼續解題，說明興趣與努力的程度在增強。

德西在實驗中發現：在某些情況下，例如人們在外在報酬和內在報酬兼得的時候，不但不會增強工作動機，反而會減低工作動機。此時，動機強度會變成兩者之差。這就是德西效應。

這個結果顯示，進行一項愉快的活動，如果提供外在的物質獎勵，反而會減少這項活動對參與者的吸引力。

公司的經營者如果希望員工努力工作，就不要給予員工太多的物質獎勵，而要讓職員自發性的勤奮、上進，喜歡這份工作，喜歡這家公司。以外在理由支持的行動是不會長久的，只有自動自發才是長久之計。

## 094 菲米尼論斷——瑞士軍事理論家菲米尼

一個良好的撤退，也應和偉大的勝利同樣受到讚賞。退卻為防禦能力的集中表現。

隨著企業經營環境、企業資源和學習能力的變化，企業經營戰略會表現出動態性和環境的適應性，亦即是指企業在經營中應適時的進行戰略轉移。戰略轉移意味著戰略方向、目標的重新定位、業務的重組，也意味著既要發展，又要撤退。

戰略轉型過程中，若要實施具有前瞻性的「撤退」戰略，需要企業經營者具有非凡的經營智慧和魄力。因為相較於被迫出售，已經出現嚴重問題，或產生巨大虧損業務，主動的「撤退」戰略通常發生在一切仍然「看起來很完美」的時候，此時往往需要突破各方面的壓力；但是如果在轉型過程中的企業能善於利用「撤退」戰略，將為企業提供極大的幫助和機會。

利用「撤退」重新配置企業資源，將有限的資源轉移到對企業發展具有戰略意義的目標行業或市場，這是多數企業選擇「撤退」戰略的初衷。而另一種情況，是及時出售那些和企業方向不合，雖然當前狀態良好，但是未來極有可能造成損失的業務。

「撤退」還會產生一定的震動效應。一般來說，「撤退」永遠比進攻更受關注，經常會成為新聞重點。企業決策者可以善用「撤退」作為闡明企業發展的一種手段，一方面使企業內部的員工能將精力和重點聚焦到戰略目標上；另一方面對外界也會造成轟動效應，達到一定的宣傳效果。

當然，撤退戰略必然會使企業有一定程度的損失，例如市場、利潤、資源、人員、商業信譽、顧客利潤等。但這些損失應理解為實施戰略轉移的必要成本。不僅可以選擇適當的退出時機，透過合適的退出方式，將損失（成本）降到最低，還要考慮機會成本，結合戰略轉移，以戰略總成本最小或戰略總收益最大為目標，並考慮資源利用的比較優勢。採取撤退戰略的目的是將資源用於效率和效益更高的業務領域，因此，要從戰略全局高度正確認識撤退戰略。

多數情況下我們都錯誤的認為，「撤退」就意味著承認錯誤或接受失敗，所以不願意正視，但是撤退並不全是失敗，它更需要一種大智慧來支持。

## 095 女褲理論——山姆．沃爾頓

當商品的需求價格彈性大於一時，隨著商品的價格下降，需求量就會增加，而且增加的幅度大於商品價格下降的幅度，因此即使單件商品的利潤減少了，但總利潤卻增加了。

看事情不能侷限於一點，而必須從宏觀的角度，由上俯視。美國作家福利森在論證「成為億萬富豪的祕訣之一就是要將臉皮磨練得很厚」這一判斷時，曾經引用過山姆．沃爾頓的例子。

福利森這樣形容山姆．沃爾頓：「在市場中，他經常擾亂市場價格，一旦把握住機會，他便不失時機地向供應商殺價。所以同行們都知道，與沃爾瑪之間開展生意並不是一件容易的事情。」其實，福利森的這種說法並不是對山姆．沃爾頓的貶低，而是對山姆．沃爾頓行銷策略的肯定。山姆．沃爾頓的「女褲理論」就是沃爾瑪行銷策略最好的證明。

在家鄉開設零售店時，山姆．沃爾頓結識了一位來自紐約的廠商銷售代理哈瑞．維納。在與哈瑞．維納的交流中，山姆．沃爾頓學習到了不少關於「商品價格」的理論。山姆．沃爾頓說：「哈瑞．維納賣女褲，每條只賣二十美元。而我們雖然一直在同一地點買入相同款式的女褲，但是每條我規定售價二十五美元。然而，在長期的經營中，我們發現，如果按照哈瑞．維納的價格銷售褲子，那麼褲子的銷量就會大為增加。從中，我學到了一個看似簡單的道理：假如用八十美分的價格買入商品，以一美元的價格出售，那麼銷量竟然是以一．二美元價格出售的三倍！所以，雖然從一件商品上看，我少賺了一半的錢，但是我卻賣出了三倍數量的商品，所以從總利潤的角度看，我的收穫大多了。」其實，這就是沃爾瑪堅持至今的「女褲理論」，其實質就是「薄利多銷」。

薄利多銷是企業採用低價微利的方式擴大銷售的策略，是一種被企業廣泛採用的行銷方式。「薄利多銷」中的「薄利」就是降低商品的價格，商品降價就會吸引更多的顧客，從而使企業達到「多銷」的目的，而企業的總收益自然會增加。在成立沃爾瑪的時候，山姆．沃爾頓就認定了「沃爾瑪的服務對象是中低收入的大眾階層，應經營低價位、多而全的商品。」因此，當那些競爭對手正在使用定期推出特價商品的方式競爭市場時，沃爾瑪就制訂出了「每天都要為中低收入的階層提供質優價廉的商品」這一獨特的競爭策略，並且因此吸引了眾多的顧客，沃爾瑪的連鎖店也因此越開越多。

在市場中，任何一家企業都會面臨市場有可能擴大的情況，而山姆．沃爾頓在此時就提出了「女褲理論」，透過「薄利多銷」的方式來使沃爾瑪的總利潤得到增長。

# 096 比馬龍效應——美國著名心理學家羅森塔爾

從旁人的角度來看，善意的謊言和誇獎可以造就一個人；從自我的角度來看，你認為自己是什麼樣的人，你就能成為什麼樣的人。人性最深切的渴望，就是獲得他人的讚賞。

傳說比馬龍是古希臘神話中，賽普勒斯的國王。這個國王性情孤僻，長年一人獨居，他善於雕刻，孤寂中，他用象牙雕刻了一尊可以表現出他理想中的女性雕像。久而久之，他竟對這尊美女雕像產生了愛慕之情，並且真切的期望自己的愛能被接受，於是，他祈求愛神阿佛羅狄忒賦予雕像生命。國王真摯的愛情終於感動了愛神阿佛羅狄忒，雕像被賦予了生命，比馬龍為她取名為伽拉忒亞，並娶她為妻。比馬龍的幻想變成了現實。

在這個神話的基礎上，美國著名心理學家羅森塔爾進行了一項有趣的研究。他先找到一間學校，聲稱要進行一個「未來發展趨勢」的測驗，然後從全校學生名單中抽樣，以讚賞的口吻向校長和老師提供了一份「最有發展前途者」的名單，並叮囑他們一定要保密，以免影響實驗的準確性。其實，羅森塔爾撒了一個「權威性謊言」，因為名單上的學生只是隨機挑選出來的。

八個月後，奇蹟出現了，名單上的學生各科成績都有不同程度的提高，且性格活潑開朗、自信心強、求知欲旺盛，更樂於與別人相處。顯然，羅森塔爾的「權威性謊言」發生了作用。以羅森塔爾這樣的權威而言，老師們對他的話深信不疑，因此會對他圈選的幾名學生產生了積極的期望，像對待聰明孩子那樣對待他們。那些原本在老師心目中「不可雕」的學生，現在被認為是大器晚成，老師也對他們另眼相看，給予特別的照顧和關懷，使得他們的成績得以提高。同樣的，那些被圈選的學生感受到老師的這種期望後，也認為自己的確是聰明的，從而提高了自信心以及對自己的要求，最後，他們在各方面都獲得了超乎尋常的進步，真的成為優秀的學生。於是，羅森塔便借用神話中主角的名字，將這項實驗命名為「比馬龍效應」。

心理學家威廉．詹姆士說，人性最深切的渴望，就是獲得他人的讚賞，這是人類有別於動物的地方。比馬龍效應的一個著名「頑童當州長」的故事，對這句話做了很好的詮釋。

比馬龍效應和霍桑效應在企業管理應用和領導行為上，有著一樣的成效。在企業管理方面，管理者如果能巧妙的利用這兩項效應，便能激發員工的鬥志，從而創造出驚人的效益。

## 097 柯美雅定律——美國社會心理學家柯美雅

美國社會心理學家柯美雅提出，世上沒有十全十美的東西，所以任何東西都有改革的餘地。只有不拘於常規，才能激發出創造力。

一九九九年日產公司虧損六千多億，年底可能就是日產公司宣告破產的時間，但是在九月，雷諾斥資收購了日產公司百分之三十九的股份，由巴西人卡洛斯來管理。當時只有卡洛斯一個人前來，他以不到兩個月的時間設定了一個名為NRP，為期三年的變革計劃。原本預計在二〇〇一年三月轉虧為盈，但是僅到二〇〇〇年八月，日產公司就賺了二千多億。卡洛斯在極短的時間裡，讓整個日產企業文化完全脫胎換骨。

雷諾這樣說：「企業生存和發展的核心命題就是可持續發展。可持續發展包括兩方面：第一，活下去，也就是如何使企業成為一個長壽公司；第二，活得好，活得健壯，也就是如何將企業發展壯大。而企業要想持續的活下去並活得健壯，唯一的選擇或是永恆的主題，就是持續不斷的變革與創新。」

變革是一個企業能夠持續發展的靈魂，時代不斷變化，思想也要不斷革新。一個企業管理者要時刻有變革和創新的意識，才能使企業在競爭中不斷強大，長期生存。

098

## 馬蠅效應——美國總統林肯

在馬群中，馬蠅會不時的在馬身上叮一口。馬被叮後，疼癢難忍，拂之不去，就會發足狂奔，企圖甩掉馬蠅。由於馬蠅對馬的叮咬，讓馬有了一直奮蹄疾奔的動力。結果被叮咬的馬不僅沒有血盡身亡，反而由於不停運動，生命力更加旺盛。

事實上，幾乎每個企業裡都有那種狂妄自負、不將任何人放在眼裡的人。這些人往往具有更高的學歷、更強的能力、更獨到的技藝、更豐富的經驗。在知識與技能的優勢面前，這些人表現得個性鮮明、我行我素。他們不會循規蹈矩，也不會輕易被權威折服，但這些人對利益、權勢、金錢有強烈的佔有欲。由於不會輕易滿足，他們的身上都叮著一些不斷刺激他們積極進取的「馬蠅」，所以他們才會表現得與眾不同。

對於能力超強、充滿質疑和變革精神的員工，如果管理者也像林肯一樣，善用馬蠅效應，為他們營造足夠的個人空間，提供適合他們的工作方式，不但可以有效的減少衝突，還可以讓這些人積極發揮，不斷為公司創造更大的利益。

出色的領導者，都深諳激勵之術。

099

# 鯰魚效應

引入外部競爭能增強組織內部的生命力。在人與人的競爭過程中，總有各種形態的壓力伴隨而至。有壓力，才能有動力，才能使人不斷激發攀登高峰的信心和力量。

挪威人喜歡沙丁魚，尤其是活魚。市場上活沙丁魚的價格要比死沙丁魚高很多，所以漁民總是千方百計的想讓沙丁魚活著回到漁港。只是絕大部分的沙丁魚還是在中途窒息而亡，但有一艘漁船總能讓沙丁魚活著回到漁港。

船長嚴格保守讓沙丁魚活著回到漁港的祕密，直到船長去世，謎底才揭開。原來船長在裝滿沙丁魚的魚槽裡放進一條以沙丁魚為主食的鯰魚，鯰魚進入魚槽後，由於環境陌生，便四處游動。沙丁魚見了鯰魚十分緊張，四處躲避，加速游動。這樣一來，增強了沙丁魚的內部活力，使得一條條沙丁魚活蹦亂跳的回到了漁港。可見，沙丁魚是受了外界刺激才保持了生機與活力，後來人們就把這種現象稱為「鯰魚效應」。

一種動物若沒有對手，就會變得死氣沉沉；一個人若沒有對手，那他就會甘於平庸，養成惰性；一個群體若沒有對手，就會因為相互的依賴而喪失活力，喪失生機。

## 100 犬獒生存法則

游牧民族為了培養兇猛的獵犬，當獵犬幼時，主人就將牠們放到一個沒有食物和水的封閉環境裡，讓這些幼犬互相撕咬，直至剩下最後一隻，而最後存活的獵犬被當地人稱為獒，據說十隻獵犬才能產生一隻獒。後來，人們便把這種殘酷的培養方式稱為「犬獒生存法則」。

失敗和挫折並不可怕，真正令人恐慌的是害怕和逃避。不管遇到什麼事情，學會堅強面對和適應環境，成功就在你的眼前，這正是犬獒生存法則的道理。

IBM每年都要淘汰掉一成的員工，並不是說那些裁掉的員工有什麼重大的錯誤，而是做得不夠好！「我們就是要最好的，這樣才可以在激烈的競爭下存活。」。

人總有惰性，若總是讓自己處在輕鬆寬裕的環境中，誰都會慢慢滋生安逸享樂之心，不思進取。因此，身為企業的管理者，應設法替員工製造競爭壓力，使其奮發上進。

不僅如此，這個「不能適應競爭進化的物種會遭到無情的淘汰」的理論，已經廣泛存在於生活、經濟各個領域中。尤其是在競爭激烈的二十一世紀，如何面對和適應自己所處的生活環境，已經是一個不可忽視的話題。

101

# 木桶定律——美國管理學家彼得

一個由許多塊長短不同的木板箍成的木桶，其容量的大小並不取決於桶壁上最長的那塊木板，而是取決於最短的那塊。不管個人還是組織，都應該突破自己的瓶頸，補齊最短的那塊木板。

對於木桶定律，初聽時你或許會懷疑，為何最長的木板反而不如最短的呢？仔細想過，你就會理解和贊同。的確，木桶盛水的多少，產生決定性作用的不是那塊最長的木板，而是最短的木板，因為水的表面是與最短的木板相平齊的。

更進一步，我們可以知道：

1.只有桶壁上的所有木板都一樣高，木桶才能盛滿水，只要這個木桶裡有一塊木板不夠高，木桶裡的水就不可能是滿的。

2.比最低的木板高出的部分是沒有意義的，高出愈多，浪費愈大。

3.要想提高木桶的容量，就應該設法加高最短的那塊木板的高度，這是最有效的、唯一的途徑。

與木桶定律相似的還有鍊條定律、氨基酸組合效應。

**鏈條定律：**一根鍊條跟它最薄弱的環節有著相同的強度，鍊條愈長，就愈薄弱。

你可以很容易地發現二者的共同之處：構成組織的各個部分往往是參差不齊的，而最薄弱的部分，往往又決定整個組織的水準。

**氨基酸組合效應：**組成人體蛋白的八種氨基酸，只要有一種含量不足，其他七種就無法合成蛋白質。當缺一不可時，「一」就是一切。

「最短的木板」與「最弱的環節」都是組織中有用的一部分，只不過比其他部分稍微差一些。強弱只是相對而言，無法消除，你不能將它們當成爛蘋果扔掉。正如你可以清除一個屢屢犯錯的害群之馬，卻對辦公室隨處可見的浪費和低效率現象束手無策，因此，管理的真正意義，就是去修補最短的那塊木板。

如果將企業的管理比喻為一個三長兩短的木桶，而將企業的生產率或者經營業績比作桶裡盛裝的水，那這家企業的生產率或效率水準的決定性因素，就是最短的那塊木板。一個企業要想成為一個結實耐用的木桶，首先要設法提高所有板子的長度。只有讓所有的板子都維持「足夠」的高度，才能充分展現團隊精神，完全發揮團隊作用。

## 102

# 目標置換——美國管理學家約翰・卡那

如果一個人對於如何完成工作太過關切，致使方法、技巧、程序等問題佔據了他的心思，那麼就會使他忘了對整個目標的追求。

蘇珊要掛一幅畫，請鄰居來幫忙。畫已經在牆上扶好，正準備釘釘子時，鄰居說：「這樣不好，最好釘兩個木塊，將畫掛在上面。」蘇珊讓他去找木塊。木塊找來了，正要釘時，鄰居又說：「等等，木塊有點大，最好能鋸掉一些。」於是蘇珊便四處找鋸子。還沒鋸兩下，鄰居又說：「不行，這鋸子太鈍了，得磨一磨。」銼刀拿來了，鄰居又發現銼刀沒把柄，為了幫銼刀安柄，他又去學校旁的灌木叢找小樹做柄。當要砍下小樹時，他又發現蘇珊那把鏽蝕的斧頭不能用。於是他又找來磨刀石，可是為了固定磨刀石，必須得製作幾根木條，為此鄰居又到校外找一位木匠。然而這一走，就再也沒見鄰居回來。而那幅畫，最後還是蘇珊一邊一個釘子，將它釘在了牆上。當蘇珊再見到鄰居時是在街上，當時他正在幫木匠從五金商店裡抬出一台笨重的電鋸。這種情況就是人們所說的「目標置換」。

許多人爬到梯子的頂端，才發現梯子架錯了牆。（勞倫斯・彼德）

# 103 南風法則

溫暖勝於嚴寒，在處理人與人之間的關係時，要特別注意方法。與人之間相處的好壞，取決於我們用什麼方式與人打交道。

南風法則源於法國作家拉封丹寫過的一則寓言：在風的家族中，北風和南風一直在較勁，他們都覺得自己比對方厲害。有一天，北風和南風比威力，看誰能把行人身上的大衣脫掉。北風先颳來一股凜冽的冷風，想藉著更大的風將人的衣服吹掉，結果行人為了抵禦北風的侵襲，把大衣裹得緊緊的。稍後，南風徐徐吹動，頓時風和日麗，行人覺得春意融融，開始解開紐扣，脫掉大衣，最終南風獲得了勝利。

在處理人與人之間的關係時，要特別注意方法。北風和南風都想使行人脫掉大衣，但方法不一樣，結果也大相徑庭。

生活中的複雜與精采，在於一個人用什麼樣的心態去對待問題，也在於一個人用什麼樣的行為模式去獲取別人的認同與尊重。跟人打交道便是一門複雜的學問。複雜之處在於人的思維既有無法掌控的局限性，也具有一定的排他性。就如我們與人相處時，起起浮浮中，我們看到的正面與背面，便是有差異與差距的臉孔。

## 104

# 二五〇定律——美國汽車推銷大王喬・吉拉德

在每一位顧客的背後，大多有二百五十個親朋好友，如果你贏得一位顧客的好感，就意味著贏得二百五十個人的好感；反之，如果你得罪了一位顧客，也就意味著得罪了二百五十位顧客。

喬・吉拉德在剛投入汽車推銷這行不久時，有一次出席一位朋友母親的悼念儀式。在殯儀館裡，他拿到分發給他的彌撒卡，上面印有逝世者的姓名和照片。他好奇的問主持人：「你怎麼知道要印這麼多卡片？」

「全憑經驗。剛開始我們會數簽到簿上的簽名，久了之後就發現，平均每次來這裡祭奠的人數大概是二百五十人。」

不久，又一位殯葬業主向喬・吉拉德買車，買賣成交後，他問對方通常參加葬禮的正常人數是多少，得到的回答是：「約二百五十人。」

還有一次，吉拉德去參加一位朋友的婚禮，意外的得知前來參加婚禮的人數中，「新娘親友大概二百五十人，新郎親友也是如此。」

又是二百五十人！職業敏感啟發了喬・吉拉德，使他洞悉了一條商業法則：一個人一生中交往的人數大約是二百五十人。經過進一步調查，證實了這一項推測，二百五十人可以被視為一個人親友圈的平均數字。

基於這一法則，喬．吉拉德對自己的業務進行了分析：假如每星期接待五十位顧客，其中有兩人不滿意自己的態度，年終時，便會有五千個以上的人不滿意自己的態度；如果從事汽車推銷工作十四年，便會有七、八萬人會說：「別去喬．吉拉德那裡買車」，這還未涉及二百五十人中的任何一人對其認識的其他二百五十人的影響。

每一個人的身後，都有一個穩定的、數量不小的群體，包含了同事、鄰居、親戚、朋友。因此，我們必須認真對待身邊的每一個人，善待身邊的每一個人。

對一個企業來說，「顧客就是上帝」不只是一句口號，它是企業的生存之本。企業的現實目標，就是讓顧客百分之百滿意之後，才談得上利潤、名譽。對於來自顧客的抱怨，不要緊皺眉頭、退避三舍，而是要將它看成改進服務、完善自身的絕佳機會。如果能重視顧客的建議，並積極加以改進，以誠意打動這些愛挑剔的顧客，滿足他們苛刻的要求，他們將會成為企業忠實的顧客和朋友，接著再運用他們身邊的二百五十人，以「裂變效應」為企業帶來穩定的客源和收入。

105

# 沃爾森法則——美國企業家沃爾森

將資訊和情報放在首位，金錢就會滾滾而來。在資訊時代，資訊就是財富的嚮導，關注資訊就是關注金錢，及時擁有資訊，就等於擁有財富。

日本尼西奇公司原是一家生產雨傘的小企業，一次偶然的機會，董事長多博川看到一份最新的人口普查報告。從人口普查資料獲悉，日本每年有二百五十萬名嬰兒出生，他立即意識到尿布這項商品有著巨大的潛在市場，依每個嬰兒每年最低消費二條尿布計算，一年就是五百萬條，再加上廣大的國際市場，潛力是巨大的。於是尼西奇公司立即決定轉產被大企業不屑一顧的尿布，結果暢銷全國，走向世界。如今該公司的尿布銷售量已佔全球的三分之一，多博川本人也因此成為享譽世界的「尿布大王」。

多博川從一份人口普查報告中看到商機，從而取得巨大的成功，這來自於他對市場的敏銳觀察力和及時出擊的戰略。獲取情報很重要，快速對情報做出反應更重要，這需要企業善於根據新情況、新問題，及時調整原來的思路和方案，採取相應的對策，做到市場變，我也變。對於資訊不僅要有敏銳的思維，更重要的是要注重平時的累積，這樣才能使資訊成為賺錢的引路人。

## 106 卡貝定律——美國電話電報公司前總經理卡貝

放棄有時比爭取更有意義，放棄是創新的鑰匙。無論是企業或個人，都不可能無所不能。「有所為，有所不為」，知道如何進行選擇，在關鍵時刻懂得放棄，才是智者必備的素質，也是開啟成功的鑰匙。

卡貝定律的中心思想是：放棄有時比爭取更有意義，放棄是創新的鑰匙。

現今社會似乎替我們描繪了一幅幅風和日麗、欣欣向榮的財富畫卷，而一個個神乎其神的成功故事，更令我們激情衝動、意亂情迷。於是，在眾多的致命誘惑面前，太多人忘記了理性的分析和選擇，忘記了放棄的智慧，而任憑欲望的野馬在充滿陷阱的商界裡縱橫馳騁。殊不知，「放棄」是一種戰略智慧。學會了放棄，也就學會了爭取。

放棄是一種基於戰略的價值判斷，是一種有進有退、以退為進、以守為攻、張弛有度的戰略智慧，需要更大的勇氣、膽識、非凡的毅力和智慧。在瞬息萬變的市場中，企業缺乏的往往不是商業機遇，而是面對無數商機時進行取捨的決策力。

因此，企業家應勇於擺脫成功光環的羈絆，將企業利益作為最高利益考量，將企業的可持續發展作為終極追求。

## 107

# 啤酒效應——彼得·聖吉

只有資訊共享、協調決策、減少官僚，最終才能降低交易成本。企業的興衰像水車的輪子一樣旋轉著，昨天還高高在上，今天卻屈居人下。

有一個笑話：一個官僚組織裡的人，就像一群在爬樹的猴子。上面的猴子往下看，對著的都是一張張的笑臉，而樹下的猴子往上看，見到的都是屁股。在二十一世紀的今天，競爭非常激烈，幾乎所有的行業都供過於求，在這種情況下，作風官僚、資訊不對稱、交易成本過高的企業是生存不下去的。

假設製造一件成品要經過七個流程，需要七層上游廠商提供原料和配件。若第一個月，客戶向公司下的訂單是一百件，為了防止缺貨，保證安全庫存，公司會要求上游廠商提供一〇五件。然後，公司的上游廠商，為了保險，會要求他的上游廠商提供一百一十件，如此類推，到最上游的第七層廠商時，他所提供的數量可能達到二百件之多。十個月下來，隨著時間與上下游的累計效應，此數字會與實際需求相差很遠，導致最後一層廠商損失慘重。而在整個供應鏈中，若有一段受傷的話，整條產業鏈就會受傷。這就是彼得·聖吉在《第五項修練》中所提到的「啤酒效應」。

108

# 機會成本

選擇了一種方案，你就必須放棄另一種方案的收益。不僅要看當前實際的成本，還要看到背後隱藏的成本。

機會成本又稱「擇機代價」或「擇一成本」。它是管理經濟學上的一個辭彙，反映了一個決策、一件事物在管理上的真正價值。例如，你為了看一場電影而放棄一場舞會，那麼你看電影的機會成本就是一場舞會；為了打牌而放棄觀看一場球賽，那麼打牌的機會成本就是看一場球。

我們每時每刻的行動都有機會成本，你選擇了一件事，必然意味著在相同的時間裡你不得不放棄另一件事；在同樣的條件下，你選擇了一個方案，也意味著你不得不放棄另一個方案。我們時刻都面臨著選擇，也時刻存在著機會成本的問題，所以不要將時間和精力花在無謂的事情上。

有了上面的基礎，就不難解釋下面這個奇怪的現象了：據統計結果表示，當薪資率上升時，人們願意花更多的時間來工作；可是在薪資率上升到某一個程度後，再繼續往上升，人們的工作時間不是增加，反而是減少了。

# 第四章 謀略篇

## 109

# 零和遊戲

一個遊戲中，遊戲者有輸有贏，一方所贏正是另一方所輸，遊戲的總永遠為零。然而「利己」不一定要建立在「損人」的基礎上。透過有效合作，皆大歡喜的結局是可能出現的。

「零和理論」的大意是：在任何遊戲中，正方所得與負方所失相同，兩者相加，正負相抵，和數必為零，即為「零和」。當雙方對弈時，你可以說他們正在玩「零和遊戲」。因為在多數情況下，總會有人贏有人輸，若我們將獲勝計算為得1分，而輸棋為-1分，那麼，這兩人得分之和就是：1＋（-1）＝0。這正是「零和遊戲」的基本內容：一個遊戲中，遊戲者有輸有贏，一方所贏正是另一方所輸，遊戲總和永遠是零。

零和遊戲之所以受人關注，是因為人們在社會生活中，處處都能找到與零和遊戲類似的現象，勝利者的光榮背後，往往隱藏著失敗者的辛酸和苦澀。

對於「零和遊戲」的社會狀況，義大利統計學家、經濟學家維爾弗雷．帕雷托提出了相對應的結論：改進一部分人的福利或滿足程度時，不能以犧牲另一部分人的利益為代價，否則這個改進就不能認為是最終提高了社會總體發展水平。

110

# 認知對比原理

人在潛意識中總是運用對比的方式來對事物進行認知，每遇到一件新事物，總是拿它與某樣熟悉的東西進行對比來獲得認知。如果兩件東西極不相同，就會傾向於認為它們之間的差別比實際的更大，尤其是在時間相近的情況下。

一九七二年六月十七日，以美國共和黨尼克森競選團隊的首席安全顧問詹姆斯．麥科德為首的五人闖入位於華盛頓水門大廈的民主黨委員會辦公室，在安裝竊聽器並偷拍有關文件時，當場被捕。（亦即歷史著名的水門事件）

由於此事，導致尼克森成為美國歷史上首位辭職的總統。這件事的演變過程據聞是這樣的：最初尼克森競選團隊的成員提出給詹姆斯．麥科德為首的五位核心成員決定是否採用的計劃，是用一架直升飛機跟蹤載有「高級應召女郎」的遊艇，並以此威脅遊艇上的對手，並建立綁架搶劫小分隊等。由於這個龐大計劃需要耗資一百萬美元，因此被詹姆斯．麥科德等五人否決了。被否決之後競選團隊又提出了第二個計劃，刪掉了原計劃中的某些方案並把費用降低到了五十萬。這個計劃由於費用等問題，又被麥科德等人否決了。當兩個計劃都被否決了以後，又提出了「精簡」的僅二十五萬美元的計劃——在對手辦公室安裝竊聽器。

這個時候，「對比原理」發生了作用，麥科德等人竟出人意料地批准了這個不可思議的愚蠢計劃。「如果他們一開始就跟我們說：『我有一個闖入勞倫斯的辦公室安裝竊聽器的計劃』，我們絕對會毫不猶豫地拒絕這項提案。」這是尼克森競選團隊的成員事後回憶所說的話。

一群平時精明幹練的競選團隊成員竟在尼克森當選前景看好，且對手辦公室中並沒有任何足以對尼克森造成危害情報的情況下，愚蠢地把竊聽器安放到對手的辦公室，最終導致尼克森下台，這是多麼愚蠢的舉措啊！而這正是「認知對比原理」的影響在作祟的結果，在前兩項更愚蠢、苛刻的提案的對比下，一個仍然愚蠢的第三項提案就顯得沒那麼愚蠢了。

111

# 奧狄思法則——美國談判專家奧狄思

在每一次談判中，你都應準備向對方做出讓步。談判作為一項技能，愈來愈受到重視。許多領域的專業人士都開始意識到談判在他們工作中的重要地位。

美國談判專家奧狄思根據自己多年的經驗得出：「在每一次談判中，你都應準備向對方做出讓步。」與此同時，美國著名談判學家尼倫伯格也提出：「一場圓滿、成功的談判，每一方都應是勝利者。」即「雙贏」談判。將談判當作一個合作的過程，透過談判，不僅是要找到最好的方法去滿足雙方的需求，更要解決責任和任務的分配，如成本、風險和利潤的分配。能和對手像夥伴一樣，共同找出滿足雙方需要的方案，使費用更合理，風險更小，才能達到雙贏的結果。如果總想自己得勝，必然勢不兩立。

讓步是一種重要的談判手段，是一種以退為進的哲學。讓步的技巧在於談判前要充分調查、瞭解對方的情況，分析哪些問題是該談的，哪些問題是沒有商量餘地的。此外，還要分析什麼問題對於對方來說是重要的，以及這筆生意對於對方的重要程度等。同時也要分析自身的情況，將想問的問題先列出一份清單，仔細思考，否則談判效果會大打折扣。

一般缺乏經驗的談判者，最大的弱點就是不用心聽對方發言。他們認為自己的任務就是談自己的情況，說自己想說的話和反駁對方的反對意見。因此在談判中，他們總是只想著接下來該說什麼，而不去注意聽對方的發言，就這樣失去了許多寶貴資訊。他們還錯誤的認為優秀的談判員，是因為說得多才掌握了談判的主導權。其實成功的談判員會在談判時將百分之五十以上的時間用來聽。「談」是任務，而「聽」是一種能力，甚至可以說是一種天分。「會聽」是任何一個成功的談判員都必須具備的條件。在談判中，應盡量鼓勵對方多說。

如果對方拒絕我們的條件，就換其他條件構成新的條件問句，向對方做出新的提問。對方也以可用條件問句向我方提問，雙方繼續協商。

但是，每一次的讓步都不能過大，如果買方一次就做大筆金額的讓步，會引起賣方對價格的堅持。所以，買方在讓步時必須步步為營，一次只做少許的讓步。另外，在沒有得到某個交換條件的時候，也不要輕易讓步，即指不要不經充分討論就太快的讓步，對方可能有一套和你不同的價值標準，可能很容易達到你的要求。無論處在哪種情況下，都不要太快接受對方的價格，這是談判的大忌。

## 112 居家效應

一個人在家裡或自己最熟悉的環境中，言談舉止表現得最為自信和從容。在自己熟悉的領域，首先在心理上就已經佔了優勢，談判更容易獲勝。

日本的鋼鐵和煤炭資源短缺，渴望購買煤和鐵。澳大利亞生產煤和鐵，並且在國際貿易中不愁找不到買主。照理說，日本的談判者應該到澳大利亞去談生意。但日本人總是想盡辦法，將澳大利亞人請到日本。

澳大利亞人一般都比較謹慎，講究禮儀，不會過分侵犯主人的權益。因此，澳大利亞人一到了日本，便會使日本和澳大利亞在談判桌上的相互地位發生了顯著的變化。澳大利亞人過慣了富裕的舒適生活，他們的談判代表到了日本之後，就急於想回到故鄉別墅的游泳池、海濱和妻兒身旁，因此，容易在談判桌上表現出急躁的情緒。而身為主人的日本談判代表則是不慌不忙的討價還價，他們掌握了談判桌上的主導權。結果日本僅僅花費了少量款待作為「魚餌」，就釣到了「大魚」，取得了大量原本難以獲得的利益。

日本人在瞭解了澳大利亞人戀家的特點之後，寧可多花招待費用，也要將談判爭取到自己的領域進行。並充分利用主場優勢掌握談判的主動權，使談判的結果最大程度的對己方有利。

有時候，在和談判對手往來之間，常會感到自己置身在一些不利的處境中。例如，我方的座位剛好曬到太陽，陽光刺眼得看不清對手的表情；會議室紛亂嘈雜，常有噪音干擾，使我方聽不清對方談話的內容；連續談判，我方疲勞的不想再談，只想急於結束談判，或是對方在我方疲倦時提出一些細小但關鍵的更動，讓我方難以覺察。更甚者，利用外部環境形成壓力，例如，中國知識產權代表團首次赴美談判時，紐約數家中資公司都「碰巧」關門，忙於應付所謂的反傾銷活動，美方企圖以此對中國代表團造成一定的心理壓力。

這些場景都屬於談判對手的主場優勢，而這些優勢可能是客觀條件，也可能是主動設置，但其中的道理都一樣，利用心理戰術——居家效應。這是因為在自己熟悉的領域中已經佔了優勢，而陌生人由於環境的生疏，對許多事情都表現出好奇和笨拙，甚為不利。所以在許多談判與社交領域中，很多人都選擇「主場優勢」，來發揮自己的「居家效應」，這也是為什麼球場上主客隊的戰績差別很大的原因。

## 113 回報性原理

一般來說，人都不喜歡對別人有虧欠感，在接受他人恩惠或拒絕施與恩惠後，將會為了擺脫這種心情而採取補償行動。

漢斯經營著一家罐頭食品公司。為了擴大公司聲譽，有一年他帶著公司的產品參加了美國芝加哥市舉行的全國博覽會。誰知他的產品被安排在展廳中一個最偏僻的閣樓裡。本來是想擴大市場，提高自己公司的知名度，但是這種安排顯然難以達到目的；於是，漢斯找到大會主辦方要求調換一下位置。

主辦方負責人卻說：「您瞧，這些都是大公司的名牌產品，我們只能把它們放到最合適的位置。漢斯先生，你的產品位置也是最合適的。」

漢斯一看，果真如此，在顯要位置擺放的都是全國數一數二的產品，自己的產品雖然也不錯，但相比之下名氣就太小了。怎麼辦？花錢來參加博覽會，總不能一無所獲、空手而回吧！

博覽會開始後，參觀的人絡繹不絕。一天過去了，但是，很少人光顧漢斯的攤位。眼看展覽時間已經不多了，漢斯十分著急，晚上躺在床上苦苦思考。第二天他終於想出了一個巧妙的辦法，離開攤位出去了整整一天。

第三天，會場的地面上突然出現了許多小銅牌，銅牌的背面刻有一行字，上面寫著：「誰撿到這塊小銅牌，都可以到展廳閣樓上的漢斯食品公司陳列處換取一件紀念品。」

於是撿到銅牌的人紛紛擁到漢斯的攤位上。本來無人光顧的小閣樓，一下子被擠得水洩不通。市民們四處談論「漢斯小銅牌」這件新鮮事，記者還做了報導。這下，漢斯的產品聲名大噪，光這次博覽會就賺了五十萬美元。

原來，這正是漢斯推銷產品的妙計。他在產品無人問津的情況下，找人做了這些小銅牌，然後派人遍撒展廳，先給予顧客一個小小的恩惠，把顧客吸引到他的攤位，加上他的產品品質不錯，如此一來，在「恩惠＋負債感＋優質的產品」的作用下，顧客自然紛紛購買了漢斯的產品。

回報性原理如今被廣泛應用在職場與商場上，免費試用、禮品等運用回報性原理的行銷手段是商家的好幫手，它們使顧客在接受商家的恩惠後產生了負債感，因而使得他們會從商家那裡購買他們試用過的一些商品。同時，這個原理也被反向應用於談判中，是為「門面效應」，乃是利用他人拒絕時產生的「負債」感，令他人答應相對較容易的條件。

114

# 歐弗斯托原則——英國心理學家歐弗斯托

說服一個人的時候，開頭就讓他不反對，是最要緊不過的事。要使人不反對，先令人不反感。

有個妻子要過生日了，她希望丈夫不要再送花、香水、巧克力或只是請她吃頓飯。她希望得到一顆鑽戒。

「今年我過生日，你送我一顆鑽戒好不好？」她對丈夫說。

「我不要那些花、香水、巧克力。一下子就用完了、吃完了，不如你送我鑽戒，可以留個紀念。」

「鑽戒什麼時候都可以買。送妳花，請妳吃飯，多有情調！」

「可是我要鑽戒，人家都有鑽戒，我就沒有，你不愛我……」結果，兩個人因為生日禮物居然吵了起來，甚至吵到要離婚。

但是在大吵完之後，兩個人都糊塗了，彼此問：「我們是為什麼吵架啊？」

「我忘了！」太太說。

再說個相似的故事：

有個太太，想要顆鑽戒當生日禮物。但是她沒直說，卻跟她的丈夫說：「親愛的，今年不要送我生日禮物了，好不好？」

「為什麼？」丈夫詫異的問，「我當然要送。」

「明年也不要送了。」

「把錢存起來，存多一點，存到後年。」太太不好意思的小聲說，「我希望後年你能送我一顆小鑽戒……」

「噢！」丈夫說。

結果，你們猜怎麼樣？生日那天，她還是得到了她想要的禮物，一顆鑽戒。

我們比較這兩個例子就可以知道，第一例中的妻子太不會說話，她一開始就否定了以前的生日禮物，傷了丈夫的心。接著她又用別人丈夫送鑽戒的事，傷了丈夫的自尊。最後，她居然否定了夫妻的感情。

至於第二例的太太就聰明多了，她雖然要鑽戒，卻反著來，先說不要禮物，最後才把目標說出。

因為她說後年才盼有個鑽戒，丈夫提前，今年就給她一份驚喜，不是「雙贏的溝通」嗎？如果有好的意見卻不被接受或採納，那麼就得想方法說服對方。而說服力產生的最大要素，就是要因人而異去使用說服方法。

## 115 逆向操作原則——華倫．巴菲特

在別人貪心的時候保持謹慎恐懼的態度，而在別人恐懼時貪婪。腦之所以長在眼睛上，是因為我們在行動前必須自己先思考，而非看別人怎麼做，然後跟上去。

巴菲特之所以能夠成為精明的投資者，是因為他往往能夠在幾乎整個華爾街都敬而遠之或者漠視一個企業的時候，看到它所具有的潛力，購買它的股票。

巴菲特的老師——格雷厄姆一直教導他，投資要注意三方面：一是在投資態度上，每時每刻都要保持謹慎，做到永遠不要虧損；二是在選股上，一定要保證股價明顯比其內在價值低；三是在安全程度上，一定要有足夠大的安全邊際。

那麼，在什麼時候我們才有機會找到符合後兩條原則的股票呢？巴菲特認為，這個機會就出現在市場犯下愚蠢錯誤的時候。這就像在打桌球時，你要想取勝，取決於兩個關鍵因素：一是你正常發揮不失誤；二是對手犯下愚蠢錯誤，使得你有機會得分。對這一點，巴菲特說：「你一生能夠取得多大的投資成果，一是取決於你傾注在投資中的努力與聰明才智，二是取決於股票市場所表現出的愚蠢程度。市場表現越愚蠢，善於捕捉機會的投資者盈利機會就越大。」

在巴菲特一生的投資生涯中，他所扮演的就是一隻雄獅，靜靜地趴在地上，關注著野牛群，等待其中的一頭野牛犯下愚蠢的重大錯誤。換句話說，在股票市場中，巴菲特認為，人們最愚蠢的兩種行為就是：過於恐懼和過於貪婪。

巴菲特說：「在投資世界，恐懼和貪婪是兩種傳染性極強的流行病，會一次又一次突然爆發，這種現象永遠存在。」也就是說，在股票市場中，恐懼和貪婪肯定會一再發生，當這兩種行為發生時，肯定會引起股票市場價格與價值的嚴重偏離，只是不知道它們什麼時候會發生，以及發生時後果有多嚴重罷了。

但有一個明顯的現象：當別人過於貪婪時，市場會明顯被高估，這時你就要懷有一顆恐懼之心，不要輕易買進；當市場因投資者過於恐懼而過度打壓股價時，將會導致很多股票的股價被嚴重低估，這時你反而要大膽貪婪地逢低買進。

用巴菲特的話說，就是：「我們只是設法在別人貪心的時候保持謹慎恐懼的態度，而在別人恐懼時貪婪。」也就是說，要想成為一個真正的投資者，就要設法在所有人都小心謹慎的時候勇往直前。

# 116 停損法則——華倫・巴菲特

投資要懂得及時控制損失。在投資界，有一條大家都明白的道理：如果你損失了百分之二十的本金，那麼你必須要賺回百分之二十五才剛好回本。如果你損失了百分之五十的本金，那麼你就必須賺回百分之百才能回本。巴菲特常說：「如果你投資一美元，賠了五十美分，那麼你手上就只剩下一半的本金，在這種情況下，除非有百分之百的收益，你才能回到起點。」所以，巴菲特要投資者在投資生涯中一定要做到永遠不損失。

股市中充滿了各種不確定因素，誰都不敢也不能保證自己對每一支股票的投資都是正確的。所以，出現損失是在所難免的。那麼，當出現損失時，投資者該怎麼辦呢？巴菲特的答案是：立即實施停損措施。其實，巴菲特的「停損」，不是讓投資者一旦出現損失就拋出手中的股票，而是要求投資者控制損失。巴菲特說：「事實上，只要你對自己持有股票的公司感覺良好，你應該對價格下挫感到高興，因為這是一種能使你的股票獲利的方式。」

如果，在你的投資生涯中，不能夠引入控制損失這個概念，那麼毫無疑問，你在自己的投資中埋下了一顆定時炸彈。這顆定時炸彈遲早會把你和你的財富全部毀掉。心理學研究證明，損失帶給投資者的痛苦，遠比同樣的獲利所得到的快樂強烈得多。

在股市中，很多投資者都容易犯這樣的錯誤：只知道買進股票後賺了錢出場，卻很少主動在適當的虧損時機停損。原因就是，在出現損失後，他們仍然心存僥倖，總希望不久就會強勁反彈，但當反彈遲遲沒有出現時，他們的內心則更不願意虧本賣出。

時間一久，股價就已在盲目的等待中不斷縮水，結果本來只要停損就能降低虧損，但由於它門的非理性行為（主要指不肯認輸的錯誤思想），導致本金越虧越多。

世界上出色的投資者都會遵循一個有用且簡單的交易法則——鱷魚法則。這條法則源自於鱷魚的狩獵方式：獵物被鱷魚咬住後，越使力掙扎，鱷魚的收穫愈多。假如你被鱷魚咬住了一隻腳，鱷魚不會馬上把你的腳咬斷吃掉，而是會等待著你去掙扎。

如果你想用手掰開鱷魚的嘴拔出你的腳，那麼鱷魚就會乘機咬住你的腳與手臂。這樣一來，你越掙扎，就陷得越深，所以，當你不幸被鱷魚咬住了腳，你唯一生存的機會便是犧牲那隻腳。把這個法則用到股市上就是：當你知道自己犯錯時，唯一正確的作法就是立即出場。

117

# 博弈規則——美國數學家約翰·馮·諾伊曼

兩人或多人之間競爭合作，每個參與者的資訊不同，導致各有不同的想法，而規則決定了由這個想法如何產生最終出現的結果。

博弈論是研究兩人或多人之間競爭合作關係的一門科學，它使用嚴謹的數學模式，來解決現實生活中的各種衝突。

博弈論由美國數學家約翰·馮·諾伊曼創立，並與經濟學家奧斯卡·摩根斯坦合作發表的《博弈論與經濟行為》中，將博弈論引入了經濟領域。二十世紀五〇年代後，納許、澤爾滕、海薩尼等人又對博弈論做了進一步完善的闡釋。

在博弈論中，較為複雜的是時序博弈，指有時間順序的決策博弈過程，目前已經為更多人所運用。簡單說，時序博弈就是當你做出決策時，必須在對對手上一輪的決策和偏好有所瞭解的基礎上，做出你的決策，因此你的決策將受對手上一輪的影響。如果我們將時序博弈的一些技巧用於生活中常見的遊戲之中，會得到意想不到的效果。以下先來分析一下生活中常見猜拳遊戲的博弈技巧。

首先猜拳遊戲的規則是：石頭贏剪刀；剪刀贏布；布贏石頭。

在遊戲開始前，我們要分析一下對手的出招偏好，如果對手是倔強型的人，那麼他連續出同一招（例如連出石頭）的機率就大，遊戲時就可抓他這個弱點，決策出布，贏的機率就大了。但是，我們可以觀察到現實生活中，連續出同一招的人很少（也就是遊戲中倔強型的人較少），這時我們的博弈技巧就發揮作用了。

事實上，我們無法猜出對手第一招會出什麼（否則就不是遊戲了，因為這種情況下我們總會贏），所以第一招只有靠運氣了。但是多數人在遊戲中都有出招的偏好，我們只要留心觀察，並記住對手喜歡出的招（例如石頭），那麼我們第一招就可以出對手偏好的剋星（例如布），贏的機率就會大於二分之一。如果第一招雙方出現了和局，遊戲得以繼續，我們的博弈技巧就在於第二招。

和局的情況下，雙方第一招肯定是相同的（例如雙方都出石頭），依照多數人不連續出同一招的假設，留給對手可出的第二招就只有布和剪刀了，那麼我們只要出剪刀便可保證不敗。如果對手第二招也出剪刀，依照多數人不連續出同一招的假設，留給對手第三招的只有石頭和布，那麼只要第三招我們出布，便可保證不敗。如此循環下去，我們贏的機率將非常大。

# 118 納許均衡——美國數學家小約翰·福布斯·納許

每個人都願意處在這一狀態，好的規則在於因勢利導。

納許均衡是由美國數學家小約翰·福布斯·納許在他的博士論文《非合作型博弈》中提出。納許均衡是整個博弈論中，最基礎最重要的概念之一，是用來描述博弈雙方或多方在博弈結束時，所達成的穩定狀態的術語。

以下是博弈理論中的一個經典案例：

豬圈裡有兩隻豬，一隻大豬，一隻小豬。豬圈的邊處有一個踏板，每踩一下踏板，在遠離踏板的投食口就會落下少量的食物。如果有一隻豬去踩踏板，另一隻豬就有機會搶吃到另一邊落下的食物。

當小豬踩動踏板時，大豬會在小豬跑到食槽前吃光所有的食物；但若是由大豬踩動踏板，則還有機會在小豬吃完落下的食物之前跑到食槽，爭吃一點食物。

問題：兩隻豬會採取什麼策略？

答案：小豬將舒服的等在食槽旁，而大豬則為了這一點食物，疲倦的奔忙於踏板和食槽之間。這就是著名的「智豬博弈」。

現實生活中我們也常常遇到這樣的情況：

一家澡堂在每天開門時，水管裡總有一段是涼水，而當這段涼水流完後，熱水便會源源不斷的流出。於是，每天第一批進澡堂的人，他們的情況總是要忍受一陣涼水的放水過程，然後才能使用到熱水。而他們後面的人，則可以馬上使用到熱水。

現在撇開道德因素不談，僅從技術角度去看，「小豬」的策略是對的。但在一個群體之中，如果「小豬」的策略總是對的話，那麼「大豬」就必然愈來愈少。該如何解決這個問題呢？

整體策略就是提高「小豬」的投機成本。以那家澡堂為例，如果澡堂的經營者來個分時段收費，讓「大豬」享受五折優惠，那麼「大豬」就可能會多了起來。

當然，世上的事不會總是這麼簡單。例如股市，「小豬」總是特別多，都想讓「大豬」來拉動股價從中獲利。而股市裡的「大豬」往往是些「大鱷」，他們「踩動踏板」的同時，也會設置大量的陷阱，以提高「小豬」的投機成本。但如此一來，又會引出許多的問題，稍有不慎，大的動盪便會隨之而來。如何平衡「大豬」、「小豬」之間的利益關係？這才是經濟學家一直在苦苦思索的事。

# 119 限額理論——美國科學家麥侃

動物一生所能消耗的熱量有一個固定的限額，限額一旦用完，就意味著生命的結束，吃多吃少與壽命長短恰好成反比。

一九二五年，美國科學家麥侃進行了一個史無前例的老鼠實驗：將一群剛斷奶的幼鼠分為兩組，區別對待：第一組享受「最高待遇」，予以充足的食物使其飽食終日；第二組則受到「歧視待遇」，只提供相當於第一組一半的食物。

當人們都對第一組老鼠的待遇投以羨慕的眼光時，結果卻大大出人意料：第一組飽老鼠難逾千日，未到「中年」就早早死去；第二組餓老鼠卻是出奇的健康長壽，而且皮毛光滑，行動敏捷，體型勻稱，更耐人尋味的，是這些餓老鼠的免疫功能甚至性功能都比飽老鼠略高一籌。

後來科學家繼續將實驗範圍擴大至細菌、蒼蠅、魚等生物，又發現了相似的情況。科學家追根溯源，形成了許多見仁見智的理論格局，其中「限額說」最為大眾採信。

此說法認為，動物一生所能消耗的熱量有個固定的限額，限額一旦用完，就意味著生命的結束，儘管人是萬物之靈，但終究是動物，所以當然也受「限額理論」的約束。

# 120 冷熱水效應

一杯溫水，保持溫度不變。另有一杯冷水，一杯熱水。先將手放在冷水中，再放回溫水中，會感到溫水熱；而先將手放在熱水中，再放回溫水中，則會感到溫水涼。同一杯溫水，出現了兩種不同的感覺。

約翰是位汽車銷售員，每月都能賣出30輛以上的車，深得經理賞識。由於種種原因，約翰預計他在這個月只能賣出10輛車，深諳人際奧妙的約翰對經理說：「由於市場蕭條，我估計這個月頂多只能賣出五輛車。」經理點了點頭，對他的看法表示贊同。沒想到月底約翰竟賣出了12輛車，經理對他大大誇獎了一番。試想，若約翰事先向經理說本月可以賣15輛車，結果賣了12輛，公司經理會怎麼認為呢？他會覺得「約翰這個月實在是太失敗了」，不但不會誇獎他，反而可能會指責他。在這個事例中，約翰將最糟糕的情況——頂多賣五輛車，提前報告經理，使得經理心中的「秤砣」變小。

人人心裡都有一把秤，只不過秤砣並不一致，也不固定，隨著心理的變化，秤砣也在變化。當秤砣變小時，它所稱出的物體重量就大，當秤砣變大時，它所稱出的物體重量就小。人們對事物的感知，就是受這秤砣的影響。

# 121 承諾效應

人們公開宣稱自己會做出社會期望的行為後，為了言行一致，他會去履行這個承諾。

正如政治家們所說，大選期間的候選人會處於極度壓力下，不僅要說服選民支持自己，還要讓支持者願意去為自己投票。

以美國二〇〇〇年總統大選為例，布希以五百三十七票的微小差距贏得選舉，這意味著人們會比以往更看重每張選票的價值。選舉中，整個美國都在關注著大大小小的競選演說，一個選民出席與否、支持誰，都會對結果造成很大影響。那怎樣能最簡單有效地說服選民前去投票呢？

其實只要事先問問選民會不會去投票？為什麼會去投票？就能得到答案。有研究人員在某次選舉前夜做了調查，那些被問到上述問題的人出席率比普通人要高25%。這是為什麼呢？

有兩個心理要素在影響他們的行為。

第一，當問到人們是否會做出社會所期望的行為時，他們會覺得必須回答「是」以贏得社會認同。

第二，人們公開宣稱自己會做出社會期望的行為後，為了言行一致，他會去履行這個承諾。

這樣看來，政客要讓支持自己的選民前去投票也非常簡單。只要讓人打個電話給這些選民，問他們：「是否會在下次選舉中去投票」，你就等著他們說「是」吧！

這種方法能用在工作或其他地方嗎？當然可以。如果你想在公司裡舉辦一次郊遊，但不確定是否會有足夠的人參加。當你正在為這個問題猶豫，考慮到底要不要舉辦時，你可以先問問同事們的參加意願。這不僅會讓你對活動的可行性心中有數，也能讓同意參加的人到時真的出現在活動中。

又或者你是位經理，對你來說，新專案的成功不僅要有隊員們的口頭支持，還要有真正的行動。因此，請不要一味強調該專案能帶來的收益，試著問問隊員們願不願意支持你的專案。他們的回答多半是同意的，接下來再問問他們支持的理由。如果你按照這個方法去做，會讓你的專案受益不少。

## 122 托利得定理——法國社會心理學家托利得

測驗一個人的智力是否上乘，只看他的腦子裡能否同時容納兩種相反的思想，而無礙於其處世行事。

一個能同時思考或從事兩種不同，甚至相反思想的人，是具有相當傑出的智力和能力的。

法國社會心理學家托利得從中總結出：「測驗一個人的智力是否上乘，只看他的腦子裡能否同時容納兩種相反的思想，而無礙於其處世行事。」後來，人們便將托利得的這句話總結為「托利得定理」。

並不是每個人都可以在心中同時容納兩件完全不同的事情。當然，它的好處也是不言可喻的，不但思路開闊，效率增高，且一個人若能同時思考兩件完全不同的事情，可以拓寬眼界，避免在某條錯誤的路上「一條路走到底」。

我們不得不承認：一個能同時思考或從事兩種不同，甚至相反思想或事情的人，是具有相當傑出的智力和能力的。從宏觀的角度來看，一種優秀的民族文化是要兼容並蓄，不斷汲取其他民族文化的精華，從而使民族文化更加豐富、更加璀璨奪目。

## 123 沉默效應

沉默是一種威懾。沉默的人總讓人感覺到一種難以言喻的威懾力。

陸象先是唐朝末年的宰相。俗話說：「宰相肚裡能撐船」，陸象先的器度確實不小，喜怒都不形於色，讓人無法揣摩。陸象先早年擔任同州刺史。在他任職期間，他的家童在路上遇到了他的下屬參軍，但是這個家童沒有下馬。在那個時代，奴僕見到當官的人都要下馬，否則就是失了禮數。但是不知為何家童沒有下馬，當然這並非什麼嚴重的事，因為這個家童未必認識那位參軍，就算認識，也許家童可能根本沒看到那位參軍！

這位參軍大發雷霆，拿起馬鞭狠狠地抽打了家童一頓。可能是為了顯示自己並不畏懼刺史大人，這位參軍打完家童後，還挑釁似的跑到陸象先的府上，對他說：「下官冒犯了大人，請你免去我的官職。」

陸象先早就知道了事情的經過，於是答覆參軍說：「身為奴僕，見為官者不下馬，打也可以，不打也可以；下屬打了上司的家童，罷官也可以，不罷官也可以。」說完這句話，他就把這位參軍晾在一邊，自己走了。參軍一個人在邊上站了半天，也不知道陸象先到底是什麼意思，更揣摩不透陸象先的態度，只好灰頭土臉地退了出去，從此收斂了很多。

# 124

# 門面效應——美國社會心理學家查爾·迪尼

先提高要求，然後再逐漸降低。當一個人拒絕別人之後，心裡總會有一種歉意，此時你再提出另一個請求，多半會成功。

有人將「回報性原理」另闢蹊徑，先提出一個令人難以接受的要求。例如，你想找朋友借錢，如果你這樣問：「老朋友，借一百元吧？」得到的回答很可能是：「借錢幹什麼，我還缺錢呢！」可是，如果你說：「老同學，我最近手頭很緊，借一千元，行嗎？」對方可能會拒絕：「一千元？不行，我自己這個月都透支呢！」，這時若你再提出你真正的目的借一百元，因為你的朋友之前已經拒絕過一次了，這次他便不好意思再拒絕你，這樣一來，妳就達到目的了。

門面效應也能用於討價還價，如果你看中一件三百元的衣服，卻打定主意最多只願意花二百元買，那麼「對半殺價」總不會錯。「一百五十元」，「那賣不了，我連本錢都沒有收回來。」「那我最多出二百元。」「成交！」

但是如果既無責任，又無義務，雙方素昧平生，卻想讓別人答應有損自身利益的事情，此時即使採用「門面效應」也是徒勞無功。

# 第五章　廣告篇

# 125 布里特定理——英國廣告學專家布里特

如果商品不善於做廣告，無異於在黑暗中向心愛的女孩拋媚眼。

可口可樂公司前任董事長伍德拉夫有句名言：「可口可樂九十九％的成分是水、碳酸和糖漿，不進行廣告宣傳，誰去喝它？」

提高商品知名度是企業競爭的重要內容之一，而廣告便是提高商品知名度不可缺少的武器。精明的企業家總是善於利用廣告提高企業和產品的「名聲」，從而開拓市場。在個人的成功領域中，這一定理也可稱為「自我推銷定律」，善於推銷自己是獲取成功的重要因素。

一些專家的研究成果顯示，記憶中的感覺對人事晉升有巨大影響。若人事決策者考慮提拔員工，其腦海裡往往只有少數幾個對象，也就是那些脫穎而出的人及熟悉的面孔。

如果你確實很有才幹，也完美的完成了主管交付你的任務，卻仍未獲得升遷，那麼，很可能你根本沒有推銷自己，或是在這方面表現得很差。

126

# 伯內特定理——美國廣告專家利奧·伯內特

佔領了人們的頭腦，你就掌握了市場的指揮棒。只有先佔領消費者的頭腦，你的產品才會激起消費者的購買欲望，廣告可以幫你做到這一點。

從前，有家鶴鳴鞋店，牌子雖老，卻乏人問津。不久，老闆發現許多商家和名牌店都透過刊登廣告來推銷商品，於是他也想嘗試廣告宣傳。

但是怎樣的廣告才能打動消費者呢？老闆來回走動尋思著，這時，朋友過來獻計：「商業競爭與打仗一樣，必須注重策略，只要你捨得花錢在最大的報社登三天廣告，問題就會解決。第一天只登一個大問號，下面寫一行小字：欲知詳情，請見明日本報欄。第二天照舊，等到第三天揭開謎底，廣告上寫：『三人行必有我師，三人行必有我鞋——鶴鳴皮鞋』。」

老闆眼睛頓時亮了起來，於是依計行事。廣告一登出，果然吸引了廣大讀者，鶴鳴鞋店立即家喻戶曉，生意興隆。老闆大有感觸的意識到：做廣告不但要加深讀者對廣告的印象，還要掌握讀者求知的心理。

如何才能吸引更多的人，可謂獨具匠心。他利用了人們對懸疑性特別關心的心理，大吊讀者胃口，最後再突然讓人恍然大悟。廣告雖然簡單，但標新立異，衝破了傳統觀念，因而取得了極大的成功。

127

# 拉圖爾定律——法國諾門公司分公司負責人蘇珊．拉圖爾

一個好品名可能無助於劣質產品的銷售，但是一個壞品名則會使好產品滯銷。取名的藝術，亦是取得成功的藝術。

大文豪莎士比亞曾經說過：「玫瑰不管取什麼名字都是香的」。其實並不盡然，一個好的品名，對創造一個名牌來說，絕不是無關緊要的。要創造名牌，首先從取名開始。

二十世紀五〇年代末，東京通信工業公司邁出了具有重要意義的一步，它放棄原來的名字，採用一個新名——新力公司。該公司的銀行反對這個作法：「東京通信工業公司已經成立十年，好不容易讓自己的名字在通信業廣為人知。這麼長時間過去了，你們突然荒謬的建議要改名字，這是什麼意思呢？」新力公司的盛田昭夫以一句非常簡單的話回答說：「這有利於公司勢力向世界擴大，以前的名字外國人覺得太拗口，不易發音。」

或許這種行為並不能表現出多大的勇氣和氣魄，畢竟，大多數中、小公司最終都會看向海外市場。而且，只是將「東京通信工業公司」這個名字改成「新力公司」，也不值得大驚小怪。但是，我們不妨仔細研究一下盛田昭夫提出這個作法的理由：「雖然我們的公司還很小，而且我們也將日本看作一個極具開發潛力的市場……但是我最

終認識到，如果我們不把目光對準國外市場，那麼我們永遠無法發展成我們所想的那種公司。日本產品在世界上以次品質聞名，我們要改變這種狀況。」

日本經濟起飛之初，「日本製造」就是「廉價、低劣、次品質」的代名詞。新力公司不但想憑自己的實力取得成功，還想改變日本消費品次品質的形象，贏得世界的最高讚譽。身為一個雇員不到千人，根本沒有海外勢力的小公司，這絕對是一個非常大膽的目標。事實證明，盛田昭夫的想法沒有錯，改名戰略的實施加速了新力公司的國際化，使其很快成為了世界家電行業的領導企業。

對於開拓海外市場方面，有些公司就沒有新力公司的高瞻遠矚。在華人世界，狼可能意味著勇猛、進取、生命力強，於是很多品牌都以「狼」命名；可是在西方，狼的形象意味著欺騙，外國人看到這個品牌名稱，必定不會有好的聯想。

# 128 赫斯定律——澳大利亞廣告家赫斯

廣告超過十二個字，讀者的記憶力要降低百分之五十。忘卻即等於拋棄，廣告必須一詞致勝。

廣告正大舉入侵我們生活的各個層面，每天都有幾十種甚至上百種廣告充斥著我們的感官。而在這個各種資訊充斥的社會裡，人的心智空間是狹窄有限的，它甚至只能讓人留下一個產品、一間公司、一座城市或者一個國家的印象。

雖然廣告的目標、訴求重點、定位、達成率這些概念早已被提出，並廣泛應用，但根據統計，在收看的廣告中只有三分之一能讓大眾留下一些印象，而這三分之一中，僅有半數能被正確理解，僅有百分之五能在二十四小時內被記住。

此外，隨著科技的發展，家庭成員不再聚在一起看電視，手提電腦、手機、遊戲，這一切現代資訊媒介，都帶來了更多的媒體細分，更多的頻道、更多的選擇、更多的複雜性。

所以傳統的那種三十秒的廣告，離人們的生活愈來愈遠。

為了變複雜為簡單，又不至於過分簡單，以伯特蘭．羅素（Bertrand Russell）的話來說：「需要經過一番痛苦的思考。」「痛苦」來自要無情的將一段話刪減成一句話，然後再將一句話刪減為一個詞。

129

# 錢的問題

當某人告訴你「不是錢，而是原則問題」時，十之八九就是錢的問題。

金錢是「人情的離心力」（馬克思語）。

依照一般說法，金錢是價值的尺度、交換的媒介、財富的貯藏。這種說法忽略了錢的另一面：錢能令人陶醉、令人瘋狂、令人激動。而這種說法也撇開了人們愛錢的心理，馬克思說，金錢是「人情的離心力」，指的就是這種心理。

關於金錢的本質、作用和功過，從古到今，人們已經留下了無數精闢深刻的格言和妙語。我們常看到，人們為錢興奮，努力賺錢，用財富的畫面挑逗自己。

金錢對世界的秩序以及我們的生活產生了巨大、廣泛的影響，這種影響有時是潛在的，我們往往意識不到，但它完全是人類自己創造的。

致富的驅動力並不是起源於生物學上的需要，動物生活中也找不到任何相同的現象。它不能順應生物基本的目標，不能滿足根本的需求。

但是「致富」的定義，就是獲得超過自己需要的東西，這個看起來漫無目標的驅動力，卻是人類最強大的力量，人類為金錢而互相傷害，遠超過其他原因。

## 130 羅密歐茱麗葉效應

外界的干涉非但不能減弱戀人之間的愛情，反而使感情更加堅定。干涉愈多，反對愈強烈，戀人相愛就愈深。

莎士比亞的《羅密歐與茱麗葉》，描寫了的愛情悲劇，他們非常相愛，但由於兩家是世仇，感情得不到家裡其他成員的認可，雙方家長百般阻撓。雖然如此，但是他們的感情並沒有因為家長的干涉而有絲毫的減弱，反而相愛更深，最終雙雙殉情而死。

人都有一種自主的需要，希望自己能獨立自主，不願意被人控制，一旦別人越俎代庖，代替自己做出選擇，並將這種選擇強加給自己時，就會感到自己的主權受到了威脅，從而產生一種抗拒心理，排斥被迫接受的事物，同時更加喜歡自己被迫失去的事物。正是這種心理機制，導致了羅密歐與茱麗葉的愛情故事不斷上演。

心理學家發現，愈是難以得到的東西，在人們心目中的地位愈高，價值愈大，對人們愈有吸引力；而輕易得到的東西或者已經得到的東西，其價值往往會被人們所忽視。因此，婚外情如果受到干涉，雙方反而相愛愈深，一旦與自己婚外情的情人，生活在一起時，又覺得情人也不過如此，原來的伴侶或許更好一些。

# 第六章　教育篇

131

# 鴕鳥理論——中國海爾首席執行官張瑞敏

當兩個人都是火雞時，他就覺得自己比別人大；當他是一隻火雞，而別人是隻小雞時，他又覺得自己是隻鴕鳥，比別人大許多；而當他看到真正的鴕鳥時，他會說：「噢，這隻雞比我大一點！」

你想取得競爭優勢，就必須有比別人更為明顯的優勢。

有一個農夫處事踏實，他說過一段影響許多人的話：「多數人和別人交往，總覺得自己吃虧，但從旁人來看，你們彼此得失相當，你既沒有吃虧，也沒佔便宜。如果你覺得自己不虧也不賺，那麼旁人來看，你一定佔了便宜；如果你覺得自己佔便宜了，而對方卻沒有因此生氣跳腳，那麼若不是對方很偉大，就是你很偉大！」

在這位有智慧的農夫悟出這個看似簡單的道理之後，海爾首席執行官張瑞敏也提出了他的鴕鳥理論：

當兩隻雞一樣大的時候，對方一定覺得你比他小；而當你是隻火雞，對方是隻小雞時，你雖然覺得自己非常大，小雞卻只會覺得你與他一樣大；只有當你是隻鴕鳥的時候，小雞才會承認你大。所以，人們一定要時刻提醒自己，要有自知之明，千萬不要高估自己的力量，而是要站在別人的角度去想。如果你希望別人看重你，你就要有比別人更為明顯的優勢才行。當我們還不是鴕鳥時，說話口氣不要太大，而當大家都是「鴕鳥」的時候，無論創業或做事，都要用平常心來面對各種事情。

張瑞敏的鴕鳥理論在我們的生活和工作中也很常見，例如你看見兩個人在下棋，發現他們的棋藝不相上下，旗鼓相當。七盤棋中，可能一個人贏了三盤，另一個人贏了四盤。但如果你分別問他們，他們一定都覺得自己的水準比對方高，如果不是不小心，自己一定贏得更多！

這就是鴕鳥理論所要告訴我們的：在實力相當的情況下，我們都認為自己比對方強；在對方比自己稍微強一些時，我們會認為其實對方和自己是一樣的；而當對方比自己強許多倍時，我們才會承認對方的確比自己強。所以，如果你希望別人承認你比較強時，你就必須鍛鍊自己，培養自己，讓自己有足夠的力量勝過對方。

# 132

# 尊重效應

自尊是人生必須學會的第一個原則，要想讓孩子真正長大為偉大的人物，就應該讓孩子從小就「站著」，而不是「趴著」去仰視那些大人物。尊重是孕育孩子「自信」的土壤。

幼稚園開學的第一天，一群剛剛入園的孩子橫七豎八地坐在圖書館的地毯上，等待著接受他們人生的第一課。

一位老師微笑著問他們：「孩子們，我來給你們講個故事好不好？」

「好！」孩子們答道。

於是老師拿出一本書，講了個很短但很優美的童話。然後她告訴孩子們說：「這個故事是一個作家寫的，就在這本書裡面，你們長大後，也一樣能寫這樣的書。現在哪一位小朋友也來給大家講一個故事？」

一位小朋友站起來，用稚嫩的童聲講道：「我有一個爸爸，還有一個媽媽，還有……」這時，小朋友們看到老師在桌上攤開一張紙，很認真、仔細地記錄著這個語無倫次的故事。

「下面，」老師又說，「哪位小朋友能給這個故事配上插圖呢？」

又有一位小朋友站起來，他仔細地畫上一個「爸爸」、一個「媽媽」，再畫上一個「我」。雖然畫得很不成樣子，老師同樣認真地把它接過來，附在那一頁故事的後面，最後，老師取出一張精美的封皮紙，把這份作品裝訂在一起，並在封面上寫下了作者的姓名、插圖者的姓名，及「出版日期」。

老師把這本「書」高高舉過頭頂：「孩子們，這是你們寫的第一本書。寫書並不難。你們還小，所以只能寫這樣的小書。但我相信，等你們長大了，就能寫出更好的書，就能成為偉大的人物。」

自尊是人生必須學會的第一個原則，要想讓孩子真正長大成偉大的人物，就應該讓孩子從小就「站著」，而不是「趴著」去仰視那些大人物，這種自信心與健全的人格會為孩子的一生打下一個良好的基礎。一個人的心靈世界，是要靠自尊來支撐的。尊嚴可以帶給人自信，也可以改變一個人的命運，這就是「尊重法則」。

研究顯示：與九個月至三歲的幼兒多交談，會使這些孩子日後變得更聰明。在父母與子女之間關係平等、彼此尊重，且保持溝通交談的家庭裡，孩子的智商會比別的孩子明顯高出很多。

# 133 甘地夫人法則

挫折是不會因人的意志而消失的，也不是父母時刻呵護就能避免的。要讓孩子知道，拒絕挫折，就等於拒絕成功。如果孩子在童年時期沒有面對挫折的經驗，長大以後就無法好好地戰勝挫折。

印度前總理甘地夫人，是一位非常出色的女人。作為領袖，她對印度有著傑出的貢獻；作為媽媽，她是孩子心中最好的導師。

甘地夫人認為，生活中有幸福，也有坎坷。教育的目的就是培養孩子健全的個性，使他們未能能夠從容不迫地適應生活中的各種變化。作為母親，她必須幫助孩子平靜地接受挫折，發展自我克制的能力。

甘地夫人的兒子拉吉夫十二歲時，因病要做一次手術。面對緊張、恐懼的拉吉夫，醫生打算說一些「手術並不痛苦，也不用害怕」等善意的謊言來安慰孩子。可是，甘地夫人卻認為，孩子已經懂事了，那樣反而不好，所以她阻止了醫生。

隨後，甘地夫人來到兒子床邊，平靜地告訴拉吉夫：「親愛的小拉吉夫，手術後你有幾天會相當痛苦，這種痛苦是誰也不能代替你承受的，哭泣或喊叫都不能減輕痛苦，可能還會引起頭痛，所以，你必須勇敢地接受它。」

手術後，拉吉夫沒有哭，也沒有叫苦，他勇敢地忍受了這一切。

孩子在成長過程中，既會有愉快的成功經驗，也不可避免地會遇到各種挫折。挫折是不會因人的意志而消失的，也不是父母時刻呵護就能避免的。要讓孩子知道，拒絕挫折，就等於拒絕成功。

教會孩子勇敢地面對挫折，不但能使孩子在今後的人生道路上可以走得更加順遂，父母也少了許多不必要的麻煩。但這種教導要從孩子還是幼兒時就開始，從小培養他們直面挫折的意識和勇敢承受挫折的能力。

父母作為幼兒的第一任老師，在幼兒個性的形成過程中發揮著非常重要的作用。人的一生會經歷許多痛苦和挫折，孩子經歷的第一次挫折很可能就從吃藥打針開始。

看著孩子滿臉恐懼、渾身發抖、幾近絕望的樣子，聽著他彷彿世界末日般的哀求：「媽媽，媽媽，我怕，我怕，我不想打針。」家長不免有些心疼，但這是孩子必須經歷的，也是必須獨自承受的；因為人生的坎坷不僅只有打針吃藥！

當孩子在生活和學習中遇到困難時，家長應教育孩子克服依賴思想，鼓勵孩子獨立面對困難。

## 134 沉沒成本

一項已經發生的投入，無論如何也無法收回。面對無可挽回的損失，就不必再對它進行考慮。

面對無法收回的沉沒成本，明智的投資者會視其為沒有發生。

有一個老人非常喜歡蒐集古董，一旦碰到心愛的古董，無論花多少錢都要將它買下來。有一天，他在古董市場上發現一件嚮往已久的古代瓷瓶，於是花了很高的價錢將它買下來。

老人將這個寶貝綁在自行車後座，興高采烈的騎車回家，誰知因為綁得不牢固，瓷瓶在途中從自行車後座滑落下來，摔得粉碎。

這位老人聽到清脆的響聲後，居然連頭也沒回的繼續騎車。這時，路邊有熱心人對他大聲喊道：「老人家，你的瓷瓶摔碎了！」老人仍然頭也不回的說：「摔碎了嗎？聽聲音一定是摔得粉碎，無可挽回了！」不一會兒，老人的背影消失在茫茫人海中。

我想，這種事情如果發生在一般人的身上，一定會從自行車上跳下來，對著已經化為碎片的瓷瓶捶胸頓足，扼腕痛惜，甚至很長時間都難以恢復精神。

每一次選擇之後，我們總是要付出行動，而每一次行動，我們總是要做出投入，不管投入的是人力、物力、財力還是時間。在做出下一個選擇時，我們不可避免的會考慮到這些前期的投入，不管它還能不能收回，是否真的還有價值。最終，前期的投入就像萬能膠一樣，將我們黏在原來的道路上，無法做出新的選擇，而且投入愈大，我們黏得愈緊。

如果我們能像那位老人一樣，面對無可挽回的損失，就對它不再進行考慮，那麼我們一定能在人生的道路上，不斷做出新的選擇，而且也能隨時調整心情，讓自己不再因「後悔」而沮喪。只要我們能從這些損失中吸取經驗教訓，調整航向，面對新的開始，從而使自己的路愈走愈寬，我們就會贏得一種新的、更積極的人生！

經濟學中有許多概念不僅有利於經營企業，而且對於認識人生也是有益的。沉沒成本就是其中之一。

## 135 天賦遞減法則

兒童的天賦隨著年齡的增長而遞減，教育得愈晚，兒童與生俱來的潛能就發揮得愈少。

對幼兒施行早期教育是必須的，而且極為迫切。進行早期教育的時間愈早、愈及時，孩子異乎尋常的能力就愈能被挖掘出來。

很多人都有這種觀點：人的大腦靈敏度會隨著年齡的增長而增強。事實上，這種觀念是錯誤的，只有不斷培養新能力，人的能力才會得到增長。一個人一旦成人，就已經不知不覺的適應了環境，生理機能也會出現相應的變化，為適應環境變化提前做好了準備。隨著人的逐漸成長，內在能力會迅速消失，所以我們極力推崇進行早期教育，而且愈早開始愈好。

生物學家達爾文不但對物種起源研究精深，對育兒的見解也頗有獨到之處。

某一天，有位美麗的少婦抱著自己的孩子去找達爾文，向他諮詢有關育兒的問題。「啊，多漂亮的孩子啊！幾歲了？」看到這麼漂亮可愛的孩子，還沒等少婦開口，達爾文就高興的向少婦問道。

「剛好兩歲半。」少婦誠懇的對達爾文說，「身為父母，總是希望孩子成才。你是個科學家，我今天特意登門求教：對孩子的教育應該什麼時候開始才好呢？」

「唉，夫人，很可惜，妳已經晚了兩年半了。」達爾文惋惜的告訴她。

孩子自出生之日起，就會透過嘴、舌頭及其他感官來探索外界事物。也就是說，一個人從生命的開始就有了感知的欲望。許多父母認為孩子太小，教育他們應從適當的年齡開始。事實上，生命本身就賦予了孩子求知的渴望。

曾有一位著名的心理學家指出：「在剛滿兩歲時，每個兒童都是語言天才，但是如果這種能力得不到加強，在五、六歲的時候就會迅速的消褪。」愈是接近０歲，這種潛能就愈充足，內在能力也愈高。

日本著名的鈴木鎮一老師在教學過程中，發現了一個發人深思的現象：在學習某種技巧時，十幾歲的孩子無論怎樣努力都達不到要求，但是才幾歲大的孩子卻很容易就達到了，由此可見，年紀愈小的孩子，學習效果愈好。

因此，對於早期教育會影響孩子的性格、身體發育這種說法，其實是錯誤的，家長應該知道，愈早對孩子進行教育，開發他們的潛能，孩子成功的機率就愈大。

# 136 強化定律

好習慣在於不斷強化。本能的一些東西，在沒有得到強化後也會消失。父母如果在處理孩子的事情上獎懲分明，關注和鼓勵孩子正確的行為，使之強化；批評孩子的壞習慣，使之消失，孩子好習慣的培養一定會變得更為容易。

在海洋裡，魚類也有強大、弱小之分，有些魚類的食物就是那些弱小的魚兒，比如說鯨魚和小鯉魚。

科學家們曾經做過一項有趣的實驗：他們特製了一個大水槽，將鯨魚和牠的食物都放了進去，很快的，小魚們被吃得精光，偌大的水槽裡只剩鯨魚滿足的游來游去。

接下來，科學家將一塊特殊材料做成的玻璃板放進水槽，鯨魚和小魚們被分別放到了玻璃板的兩邊。看到食物就在眼前，鯨魚凶狠的朝小魚們游去，對魚來說，視覺上是區分不開有沒有玻璃板的。於是，鯨魚結結實實的撞到了玻璃板上，莫名其妙的鯨魚繼續朝食物游去，每次都撞得昏天暗地，直到牠終於明白眼前這些小魚是吃不到的。鯨魚放棄了繼續進攻自己的獵物，牠的獵食行為因為沒有得到強化而消失了。

實驗還在繼續，科學家拿走了橫在鯨魚和小魚之間的玻璃板。小魚們看到鯨魚就在眼前，紛紛逃竄，鯨魚卻對眼前的食物視而不見，再也沒動過吃掉牠們的念頭，多次的碰壁使鯨魚認為：這些小魚是吃不到的。最後，強大的鯨魚居然餓死在水槽裡，鯨魚的獵食本能因為沒有得到強化而消失了。

這就是心理學上著名的強化定律實驗。它證明了人或動物的本能如果沒有得到強化，最後也會消失。強化定律不僅是孩子和動物學習新行為的一種心理機制，也是成人透過肯定或否定的反饋資訊，來修正自己行為的方法。

對於成長期的孩子來說，日常生活中的好習慣和壞習慣都同時存在，如何鼓勵孩子保持好習慣，矯正不良習慣，一直是困擾父母的難題。如果適當運用強化／消失定律來進行這項工作，事情就會變得容易很多。例如，父母如果在處理孩子的事情上獎懲分明，關注孩子正確的行為，使之強化；批評孩子的壞習慣，使之消失，孩子好習慣的培養一定會變得更為容易。

# 137 奇妙的「7」——赫伯特・亞歷山大・西蒙

一般人的短時記憶廣度平均值為7±2，根據近年的研究表示，記憶廣度和記憶材料的性質有關。如果呈現的材料是無關聯的數字、字母、單詞或無意義的音節，短時記憶廣度就為7±2，若是超過這一範圍，記憶就會發生錯誤。提高記憶力，需要掌握記憶的規律。

一個星期是「7」天。

音階是Do、Re、Mi、Fa、Sol、La、Si，七音。

彩虹是紅、橙、黃、綠、藍、靛、紫，七色。

北斗有七星。

聖經中講到的地獄有七層。

還有七巧板……

我們身邊有很多「七」，平常覺得很普通，一旦注意起它們，會覺得怎麼那麼巧？我們在學軟體工程時，老師會告訴我們，一個程式調用的副程式或過程不要超過七個。如果需要調用的副程式或過程太多的話，就要分層調用，使用副程式和過程的嵌套，但原則上每一層的副程式或過程還是不要超過七個。如果問為什麼？老師會說這是經驗，這樣程式的邏輯會很清晰，便於以後的維護。

一九七四年，西蒙以自己的實驗表示：他能立刻正確再現單音節的詞和雙音節的詞都是七個；三音節的詞是六個；由兩個單詞組成的短語只能記住四個，更長些的短話只能記住三個。他認為將短時記憶的廣度說成七個，大致上來說是正確的。

後來，心理學家在他的發現基礎上做了進一步的試驗研究，也得出這樣的結論：一般人的短時記憶廣度平均值為 7±2，根據近年的研究表示，記憶廣度和記憶材料的性質有關。如果呈現的材料是無關聯的數字、字母、單詞或無意義的音節，短時記憶廣度就為 7±2，若是超過這一範圍，記憶就會發生錯誤。如果呈現的材料是有意義、有聯繫並為人們所熟悉的材料，記憶廣度則可增加。人們可透過對資訊的一再編碼，以及適當擴大「塊」（chunk）的資訊來增加記憶的廣度。

# 138 棉花糖實驗

那些能夠為獲得更多棉花糖而等待更久的孩子，要比那些缺乏耐心的孩子更容易獲得成功，他們的學習成績也相對好一些。

美國教育界曾設計了一個長達三十年的實驗，他們給一些四歲小孩每人一顆棉花糖，同時告訴他們：「如果馬上吃掉這顆糖，就只能吃到一顆；如果等二十分鐘再吃，就能吃到兩顆。」

在實驗中，有些孩子迫不及待的將糖吃掉。另一些孩子卻能等待對他們來說是無止境的二十分鐘，為了使自己捺住性子，他們閉上眼睛不看糖，或頭枕雙臂、自言自語、唱歌，有的甚至睡著了，但他們終於吃到了兩顆糖。

在美味的棉花糖面前，任何孩子都很難經得起誘惑，這個實驗用來分析孩子承受延遲滿足的能力。所謂的「延遲滿足」，就是能夠等待自己需要的東西，而不是想到什麼就要什麼。

這個實驗後來一直繼續下去，那些在他們四歲就能等待吃兩顆糖的孩子，到了青少年時期仍能等待機會，不急於求成。而那些迫不及待，只吃到一顆糖的孩子，在青少年時期更容易有固執、優柔寡斷和壓抑等性格表現。

當這些孩子上了中學以後，已經表現出某些明顯的差異。研究人員對這些孩子的父母及教師所做的調查表示，那些在四歲時能以堅忍換得第二顆棉花糖的孩子，常成為適應性較強、冒險精神較強、比較受人喜歡、比較自信、獨立的少年；而那些經不起棉花糖誘惑的孩子，則可能成為孤僻、易受挫、固執的少年，他們往往屈從於壓力並逃避挑戰。對這些孩子進行學術能力傾向測試的結果表示，那些在棉花糖實驗中，堅持等待時間較長的孩子，平均得分高達二百一十分。

十幾年後再考察當年那些孩子的表現時，研究人員發現，那些能夠為獲得更多棉花糖而等待得更久的孩子，要比那些缺乏耐心的孩子更容易獲得成功，他們的學習成績也相對好一些。在後來三十年的追蹤觀察中，他們發現，有耐心的孩子在事業上的表現也較為出色。

139

# 培哥效應

透過編碼聯想，記憶東西就不再困難。任何事物的掌握都不是一朝一夕的事，它需要我們經常練習，並盡可能的使自己的聯想奇特、醒目、非同一般。

有人在電視節目中做過奇特的記憶表演，他們在舞台上立一塊黑板，然後隨意讓觀眾說出一些詞語，如數字、節目名稱、公式、外語單詞等，並依序寫在黑板上。表演者在過程中不看黑板，卻能根據觀眾的要求，準確的回答出其中任意一項內容，甚至能將全部內容倒背如流。

這種表演看起來十分神奇，其實只不過是運用了培哥記憶術，產生「培哥效應」罷了。培哥記憶術是自創的一套記憶編碼，例如：①帽子、②眼鏡、③圍巾、④衣服、⑤腰帶、⑥褲子，並熟練的記下來，然後透過聯想與要記憶的材料聯繫起來。例如現在要求你記住這樣幾個詞：①大象，②打氣，③洗澡，④電風扇，⑤自行車，⑥水，接著你可以將大象與固定編碼的第一號帽子聯繫起來，聯想到大象的鼻子上戴了一頂帽子，而第六個名詞「水」，你就可以將它與褲子產生聯想——水把褲子弄濕了。

透過編碼聯想，記憶東西就不再困難。在聯想時，我們有意識的將聯想的事物放大，表象清晰而奇特。例如要讓電風扇與衣服發生聯想時，如果想像是電風扇吹開了衣服就很一般，但如果想像成電風扇穿了一件羽絨衣，就非常奇特，這就更便於記住這一對象。

培哥記憶術的固定編碼也有很多種，例如依照自己身體各部位編號、依進門後能看到的東西編碼、依自己的親朋好友姓名編號等。

在學習過程中，如果我們掌握了這種方法，就可以避免記憶的枯燥單調。當然，這種方法的掌握不是一朝一夕的事，它需要我們經常練習，並盡可能的使自己的聯想奇特、醒目、非同一般。

140

# 期望效應

作為家長，無論在什麼情況下，都應對孩子寄予一種熱烈的期望，並使孩子感受到。如此一來，孩子就會確立一種良好的自我形象，並樂意為實現這種良好形象而做出努力，把自己潛在的天賦變為現實的才能。

有個孩子平時學習很努力，他每天都認真完成作業，但是考試時，同學很輕易地就考了第一，而他才考了全班第二十一名。

回家後，他困惑地問他的母親：「媽媽，我是不是比別人笨？我覺得我和他一樣聽老師的話，一樣認真地做作業，可是，為什麼我的排名總是在他後面？」

媽媽明白，兒子的自尊心正在被學校的排名傷害著。但是她不知道該如何回答孩子的問題。

又一次考試後，孩子考了第十七名，而他的同桌還是第一名。回家後，兒子又問了同樣的問題。媽媽沒有說，人的智力確實有三流九等，考第一的人，腦子就是比一般人的聰明。因為她知道，這不是兒子想要的答案。

媽媽也不想說一些話來應付孩子，比如，你太貪玩了；你在學習上還不夠勤奮；你和別人比起來還不夠努力……因為她知道，像兒子這樣腦袋不夠聰明，在班上成績不甚突出，卻一直在默默努力的孩子，平時活得已經夠辛苦了。所以媽媽決心為兒子的問題找到一個完美的答案。

兒子的學業一直在繼續，雖然他依然沒趕上他的同桌，不過他一直刻苦努力，因此與過去相比，他的成績一直在提升。為了鼓勵兒子的進步，媽媽決定帶他去海邊旅行。就在這次旅行中，這位母親知道了該如何回答兒子多年來的疑問。

母親和兒子坐在沙灘上，海邊停滿了爭食的鳥兒，當海浪打來時，小灰雀總是能迅速地起飛，牠們拍打兩三下翅膀就升入了天空；而海鷗總顯得非常笨拙，牠們從沙灘飛入天空總需要很長的時間；然而，真正能飛越大海、橫過大洋的還是牠們。

同樣地，真正能夠取得成就的人，不一定是天資聰穎的孩子；而一直努力不懈的孩子，即使天資不好，也一定能獲得成功。

現在這位做兒子的人再也不擔心自己的名次了，也再沒有人追問他小學時成績如何，因為他已經以全校第一名的成績考入了知名大學。

# 141 超限效應

刺激過多、過強或作用時間過久，都會引起接受者的不耐煩或叛逆心理。過猶不及，物極必反，做事情適度就好。

有一次，美國著名作家馬克·吐溫到教堂聽牧師的募捐演講。最初，他覺得牧師講得很好，令人感動，就準備捐出自己身上所有的錢。過了十分鐘後，牧師還沒有講完，他有些不耐煩了，決定只捐一些零錢。又過了十分鐘，牧師還沒有講完，他決定一分錢也不捐了。

而當牧師終於結束了冗長的演講！開始募捐時，馬克·吐溫由於氣憤，不僅未捐錢，反而還從盤子裡拿走了二塊錢。

刺激過多、過強或作用時間過久，都會引起接受者的不耐煩或叛逆心理，這就是心理學上的「超限效應」。超限效應在家庭教育中時常發生，例如當孩子做錯事時，父母經常會一次、兩次、三次，甚至四次、五次對孩子做同樣的批評，使孩子從內疚、不安到不耐煩，最後反感、討厭。被「逼急」了，就會出現「我偏要這樣」的反抗心理和行為。

142

# 自然懲罰法則——法國教育家盧梭

當孩子在行為上犯了錯誤時，父母不應對孩子進行過多的指責，而是讓孩子自己承擔錯誤造成的後果，給孩子心理懲罰，使孩子能夠正確認識自己的錯誤，進而自覺改正錯誤。

一個孩子不愛惜家裡的東西，這天又把椅子弄壞了，爸爸毫不留情的讓他連續幾天站著吃飯，讓他體會一下自己的行為所帶來的勞累之苦。

一個孩子很任性，動不動就摔東西來表示自己的「抗議」。一天，因為媽媽沒有買他想吃的東西，孩子就摔壞了一件新玩具，並撕爛了一本書。對此，媽媽更是「強硬」，馬上宣布一個月之內不再幫他買新玩具和書，若他沒有改正，則繼續延長懲罰的時間。

教育家盧梭認為：兒童所受到的懲罰，只應是他的過失所招來的自然後果。」這就是盧梭的自然懲罰法則，是世界教育史上的一個里程碑。如果孩子打破了他所用的東西，不要急於添補，讓孩子自己感受需要。他打破了自己房間的玻璃窗，那麼就讓風日夜吹著他，不用擔心孩子會生病，生病比起漫不經心還要好些。

簡單的說，自然懲罰法就是讓孩子在自作自受中，體會到痛苦的責罰，強化痛苦體驗，從而汲取教訓，改正錯誤。

143

# 野鴨子定律

對於每一個成功的人，別光聽他所說的汗水加智慧，只要去比較一下他們的發跡史，就會發現，成功，無不和運氣有關。

每一個運氣都包含著下一個運氣，如果你能善於應變，你將發現自己最初的收穫僅僅是個開始，它將帶來更多意想不到的收穫。

有一則日本民間故事是這樣說的：

一個獵人出門打獵前碰碎了瓦罐，大家都認為這代表了壞運氣，勸他不要去。獵人不信，結果他打中了一隻野鴨子；鴨子掙扎的時候，將一條大鯉魚拍打到岸上；獵人去抓鯉魚，抓住了躲在草叢中的野兔的後腿；野兔拚命掙扎，掘出了二十五顆芋頭；獵人去撿芋頭，撿著了一隻野雞；獵人撿起野雞，下面有十三顆雞蛋；獵人撿起雞蛋，雞蛋下面有許多蘑菇；獵人回到家，脫下他的肥褲子，不料，褲子裡竟跳出了一大群湖蝦。幸運的獵人最後滿載而歸。

獵人的好運氣是從哪兒來的？是從一隻野鴨子開始的。

對於每一個成功的人，別光聽他所說的汗水加智慧，只要去比較一下他們的發跡史，就會發現，成功，無不和運氣有關。

從野鴨子帶來的好運氣，我們可以總結出此定律。

# 第七章 勵志篇

144

# 幸福公式——保羅・薩繆爾森

一個人之所以不幸，是因為欲望太多。

想不想換一個薪資更高的工作？

當然想。

為什麼要追求更多的薪資呢？

為了生活更富裕。

生活更富裕為了什麼呢？

如果乞丐比比爾・蓋茲更加快樂，我們是應該羨慕比爾・蓋茲還是羨慕乞丐？如果幸福只是一杯巧克力霜淇淋，這個世界也許會美好許多。

經濟學家保羅・薩繆爾森有一個著名的幸福公式：幸福＝效用÷欲望。在他看來，幸福取決於兩個因素：效用與欲望。

薩繆爾森的幸福公式說明了我們的幸福生活，就是過著「令人滿意」的生活。當欲望既定時，人的幸福就取決於效用，效用愈大愈幸福；而當效用既定時，人的幸福則取決於欲望，欲望愈小愈幸福。總之，效用愈大、欲望愈小，都是幸福的因素。學會享受生命，珍惜所擁有的，就是幸福。

# 145 攀比效應——成功學創始人拿破崙．希爾

想要實現成功的願望，有一點要注意，就是不要拿別人和自己比較。不要總看鄰居的草坪比較綠，要回過頭來看看自己的花園更適合種植哪一種花草。

十年前，有一個富人乘快艇到太平洋上的某個小島遊玩，島上的居民對他說：「你們有錢人真好，真羨慕你們啊！」這個富人卻回答：「別開玩笑了，我才羨慕你們呢！我努力工作存錢，好不容易放假才可以到島上遊玩。而你們就住在這裡天天享受生活，你們才是真的令人羨慕呢！」

世上有許多人，生活雖然不是很富裕，但卻安全和平，這種無形中所獲得的物質享受，容易使人陷入「理所當然」的錯覺，進而變得貪得無饜，只會羨慕別人。

成功學創始人拿破崙．希爾認為：想要實現成功的願望，有一點要注意，就是不要拿別人和自己比較。不要有「因為某人這樣，所以我也要這樣」；「某人有那個東西，所以我也要有」；「某人分明不過爾爾，而我只是條件不好、環境不好罷了」的想法。

清楚自己想要的，珍惜自己得到的，才不會錯過處於幸福中的美好感覺。

## 146 弗洛姆效應——美國著名心理學家弗洛姆

這座橋本來不難走，但是橋下的毒蛇對你們造成了心理威懾，於是你們失去了平靜的心態，亂了方寸，慌了手腳，表現出各種程度的膽怯。

失敗的原因也許不是因為勢單力薄，不是因為智慧低下，也不是沒有將整個局勢分析透徹，只是因為將困難看得太清楚，分析得太透徹，考慮得太詳盡，以至於被困難嚇阻，舉步維艱。

弗洛姆是美國著名的心理學家。有一天，幾個學生向他請教：心態對一個人會產生什麼樣的影響？他微微一笑，什麼也不說就將他們帶到一間黑暗的房子裡。

在弗洛姆的引導下，學生們很快就穿過了這間伸手不見五指的房間。接著，弗洛姆打開房間裡的一盞燈，在這昏黃如燭的燈光下，學生們看清楚房間的布置，不禁嚇出了一身冷汗。

原來，這間房子的地面是一個很深很大的水池，池子裡蠕動著各種毒蛇，包括一條大蟒蛇和三條眼鏡蛇，有好幾條毒蛇正昂著頭，朝他們吐出蛇信，水池上有一座橋，剛才他們就是從這座橋上通過的。

弗洛姆看著他們，問：「現在，你們還願意再次走過這座橋嗎？」大家面面相覷，都不作聲。

過了片刻，終於有三個學生猶豫的站了出來，戰戰兢兢，如履薄冰的踏上那座橋。「啪」，弗洛姆又打開了房內另外幾盞燈，學生們揉揉眼睛仔細一看，才發現在小木橋的下方綁著一張安全網。

弗洛姆大聲問：「你們之中有誰願意現在就通過這座小橋？」學生們沒有作聲，誰也不敢上前。

「現在看到了安全網，為什麼你們反而不願意過橋了呢？」弗洛姆問道。

「這張安全網可靠嗎？」學生心有餘悸的反問。

弗洛姆笑了：「現在，我可以解答你們當初的疑問了。這座橋本來不難走，但是橋下的毒蛇對你們造成了心理威懾，於是，你們失去了平靜的心態，亂了方寸，慌了手腳，表現出各種程度的膽怯。其實那些蛇的毒腺早已經被除掉了。」

人生也是如此，在面對各種挑戰時，失敗的原因也許不是因為勢單力薄，不是因為智慧低下，也不是沒有將整個局勢分析透徹，而是因為將困難看得太清楚，分析得太透徹，考慮得太詳盡，以至於被困難嚇阻，舉步維艱。

147

# 蘭塞姆定律——法國著名牧師納德·蘭塞姆

如果人們將臨終反思提前五十年、四十年、三十年，那麼世上將有一半的人可以成為偉人。

在法國里昂，一位七十歲的布店老闆即將離開人世。臨終前，牧師來到他身邊，布店老闆告訴牧師，他年輕時很喜歡音樂，曾經和著名的音樂家卡拉揚一起學吹小號，他當時的成績遠在卡拉揚之上，老師也非常看好他。可惜他在二十歲時迷上了賽馬，荒廢了音樂，否則他一定是一位出色的音樂家。

現在他的生命快要結束了，反思一生碌碌無為，他感到非常遺憾。他告訴牧師，到另一個世界後，如果可以再一次選擇，他絕對不會重複這種傻事。牧師很體諒他的心情，盡心的安撫他，並告訴他，他這次的懺悔，對牧師本人也很有啟發。

這位牧師是誰？他就是法國最著名、最有威望的牧師納德·蘭塞姆。他一生中有一萬多次站在臨終者面前，聆聽他們的懺悔。

納德·蘭塞姆去世後，安葬在聖保羅大教堂，墓碑上工整的刻著他的手跡：假如時光可以倒流，世上將有一半的人可以成為偉人。

148

## 瓦倫達心態——美國史丹福大學

一心想著事情能不能做好，而無法專注的去做事，將無法獲得成功。專心致志的時侯，就不會考慮成功或失敗，沒有了成敗的憂慮，人就變得輕鬆自如。

瓦倫達是美國五〇年代著名的高空鋼索表演者，他的表演一直很成功，但卻在一次重大的表演中，失足從鋼索上掉下來摔死了，事後他的妻子說：「我知道這一次一定會出事，因為他在上場前不停的說：『這一次太重要了，不能失敗，絕不能失敗。』以前每次表演，他都只想著走鋼索這件事，而不去管這件事可能帶來的結果。」

瓦倫達的失敗，其實是敗給了自已。他一心想著事情能不能做好，而無法專注做事，因此他失敗了。於是後人便將這種不能專注做好眼前事情，患得患失的心態稱為「瓦倫達心態」。

美國史丹福大學的一項研究也表示，人的大腦中有某一圖像會像實際情況那樣刺激人的神經系統。例如，當一個高爾夫球手擊球前一再告訴自己「不要把球打進水裡」時，他的大腦往往就會出現「球掉進水裡」的情景。這一情景會指揮他的行動，使事情朝他害怕的方向發展——此時，球大多都會掉進水裡。

149

# 魯尼恩定律——奧地利經濟學家魯尼恩

賽跑時不一定快的贏，打架時不一定弱的輸。在強大的敵人面前不要膽怯，每個人都有取勝的機會。一時的領先並不能保證最後的勝利，陰溝裡翻船的事時有所聞。

二十世紀初期，汽車還是富人專有的交通工具。一九〇三年，亨利．福特建立了福特汽車公司，福特的目標就是要工人們都買得起的汽車。經過多年的精心研製，這種T型車堅固結實、容易操縱，售價是八百美元。一九〇八年，T型車推向市場，當年就賣出了一萬多輛。接著，福特不斷削減各種成本，一九一二年，T型車的售價下降到五百七十五美元，這也是汽車售價第一次低於人們的年收入。到了一九一三年，福特汽車的年銷量已接近二十五萬輛。

要為大眾製造汽車，就要讓每個人都買得起，這意味著必須建立一種規模經濟，進行大量生產，如此才能降低成本。

一九二〇年，美國經濟衰退，汽車的需求量也減少了。由於福特汽車的成本低，因此他們能夠將自己汽車的售價再降低百分之二十五。而這時的通用汽車無法比照福特汽車的作法，使得銷售額急速下滑。到了一九二一年，福特汽車的銷量佔據了市場比例的百分之五十五，而通用汽車的銷量僅佔了市場比例的百分之十一。

敗下陣來的通用汽車公司總裁斯隆明白，自己不能與福特公司的低成本 T 型車競爭。經過權衡利弊，斯隆認為，福特公司只製造一種汽車，雖然是他們的優勢，也是他們的劣勢。隨著人們對汽車需求的改變，產品多樣化、消費者分層化，應該是汽車發展的一個方向。於是，斯隆為通用汽車制定了「滿足各經濟水準、各種要求」的汽車生產新策略。參照人們經濟狀況的不同，提供不同價位和等級的產品。

在斯隆的領導下，通用汽車的業績節節上升。甚至在一九二七年五月，迫使亨利·福特不得不關閉鍾愛的 T 型車裝配線，轉而向產品多樣化與消費者分層化的方向努力。

福特並沒有想到，一旦人們擁有汽車，他們的生活就發生了徹底的改變。某人購買一輛汽車，可能只是他人生中的第一輛汽車，他們有可能會購買第二輛、第三輛，或其他更好的汽車，這種汽車會更加舒適、時尚。隨著美國經濟的繁榮發展與分期付款購物方式的出現，愈來愈多人買得起更好的汽車了。

## 150

# 巴拉昂遺囑——媒體大亨巴拉昂

窮人最缺少的是野心！野心是永恆的特效藥，是所有奇蹟的萌發點。

巴拉昂是一位年輕的媒體大亨，以推銷裝飾肖像畫起家，在不到十年的時間內，迅速躋身法國五十大富翁之列，一九八八年，巴拉昂因前列腺癌逝世於法國博比尼醫院。臨終前他留下遺囑，將他五億法郎的股份捐獻給博比尼醫院，用於前列腺癌的研究，一百萬法郎作為獎金，頒發給揭開貧窮之謎的人。

巴拉昂去世後，法國《科西嘉人報》刊登了他的這份遺囑。他說：「我曾是一位窮人，去世時卻是以一個富人的身分走進天堂。在跨入天堂的門檻之前，我不想將我成為富人的祕訣帶走，現在祕訣就鎖在我在法蘭西中央銀行的一個私人保險箱內，保險箱的三把鑰匙在我的律師和兩位代理人手中。若有誰能回答出「窮人最缺少的是什麼」，他將能得到我的祝賀。

當然，那時我已無法從墓穴中伸出雙手為他的睿智歡呼，但是，他可以從保險箱裡拿走一百萬法郎，這是我給予他的掌聲。」

遺囑刊出之後，《科西嘉人報》收到大量的信件，有人罵巴拉昂瘋了，有人說是《科西嘉人報》為提升發行量在炒作，但是多數人還是寄來了自己的答案。

這些答案裡面，大部分的人都認為窮人最缺少的就是金錢，認為只要有了錢，窮人就不再是窮人了。

在巴拉昂逝世週年的那一天，律師和代理人依巴拉昂生前的委託，在公證部門的監督下打開了保險箱。在四千八百多封來信中，有一位名叫「蒂勒」的小女孩猜對了巴拉昂的祕訣，蒂勒與巴拉昂都認為，窮人最缺少成為富人的野心。

在頒獎之日，《科西嘉人報》帶著所有人的好奇，訪問年僅九歲的蒂勒，為什麼會想到「野心」。蒂勒說：「每次我姐姐帶她十一歲的男朋友回家時，總是警告我不要有野心！我想，也許野心可以讓人得到自己想得到的東西。」

巴拉昂的謎底和蒂勒的回答見報後，引起不小的震撼。一些好萊塢的新貴和其他行業的年輕富翁接受電台採訪時，都毫不掩飾的承認：野心是永恆的特效藥，是所有奇蹟的萌發點。某些人之所以貧窮，多數是因為他們有一種無可救藥的弱點，就是缺乏野心。

151

# 迪斯忠告——美國作家迪斯

昨天過去了，今天只做今天的事，明天的事暫時不管。抓住現在，能承先啟後；把握今天，可繼往開來。

一位哲學家途經荒漠，看到一座很久以前的城池廢墟。歲月讓這個城池顯得滿目瘡痍，但仔細的看，卻依然能看出昔日輝煌的風采。哲學家想在此休息一下，他隨手搬來一個石雕坐下。

他點燃一支菸，望著被歷史淘汰的城垣，想像著這裡曾經發生過的故事，不由得感嘆了一聲。

忽然，有人問：「先生，你在感嘆什麼呀？」

他四下張望，卻不見人影。一會兒，那聲音又響起來，他端詳著被自己坐在身下的那個石雕，原來是一尊「雙面神」神像。

哲學家從未見過雙面神，便奇怪的問：「你為什麼會有兩副面孔呢？」

雙面神回答說：「有了兩副面孔，我才能一面察看過去，牢牢記取昔日的教訓。另一面又可以瞻望未來，憧憬無限美好的藍圖啊！」

哲學家說：「過去只是現在的逝去，再也無法留住，而未來又是現在的延續，是你目前無法得到的。你不將現在放在眼裡，即使你能對過去瞭若指掌，對未來洞察先機，又有什麼具體的意義呢？」

雙面神聽了哲學家的話，不由得痛哭起來，他說：「先生啊！聽了你的話我才明白，我今天落得如此下場的根源。」

哲學家問：「為什麼？」

雙面神說：「很久以前，我駐守這座城時，總是自詡能一面察看過去，一面瞻望未來，唯獨沒有好好的把握現在。結果，這座城池被敵人攻陷了，美麗的輝煌成為了過眼雲煙，我也被人們遺忘在廢墟中。」

如果不能把握現在，過去和未來都毫無意義。

生活中有過許多這樣的日子：我們常常為昨天的失落念念不忘、喋喋不休、耿耿於懷，又常常為明天的美麗意氣風發、熱血沸騰、鬥志昂揚。然而，就在這埋怨與幻想當中，就在這追悔與興奮當中，我們失去了最寶貴，也最容易失去的今天。昨天是失去的今天，明天是未來的今天，只有今天，才是我們真實擁有的。

152

# 卡瑞爾公式——工程師卡瑞爾

憂慮的最大壞處，就是會毀了我們集中精神的能力。當我們憂慮的時候，我們的思想會難以集中，從而喪失正確判斷事物的能力。當我們強迫自己面對最壞的情況，並在精神上接受它之後，就可以擺脫憂慮。

卡瑞爾是一位聰明的工程師，他開創了空氣調節器的新時代。年輕的時候，卡瑞爾在紐約州的水牛鋼鐵公司工作。有一次，他要到密蘇里州水晶城的匹茲堡玻璃公司——一座花費數百萬美元建造的工廠安裝一架瓦斯清潔機，目的是消除瓦斯裡的雜質，使瓦斯燃燒時不至於損害引擎。這是一種清潔瓦斯的新作法，以前只試過一次，因此當他到密蘇里州水晶城工作時，許多事前沒想到的困難都發生了。經過一番調整之後，機器終於順利運轉，可是並未達到他所保證的效果。

卡瑞爾對自己的失敗感到非常吃驚，覺得像是有人在他頭上重重一擊，他擔憂得簡直無法入睡。後來，他覺得憂慮並不能解決問題，憂慮的最大壞處，就是會毀了我們集中精神的能力。當我們憂慮的時候，我們的思想會難以集中，從而喪失正確判斷事物的能力。

卡瑞爾根據自身的體會，總結出一個不需要憂慮就可以解決問題的辦法。這個辦法很簡單，任何人都可以使用，其中只有三個步驟：

第一步，摒除害怕，誠懇的分析整個情況，找出萬一失敗可能發生的最壞情況。

第二步，找出可能發生的最壞情況之後，讓自己在必要時接受它。你可以對自己說：「這次的失敗，對我來說會是一個很大的污點，我或許會因此失去工作。但即使如此，我還是可以找到另一份工作。」

第三步，找出可能發生的最壞情況，並讓自己接受一件即將發生的重要事情，我們便可以立刻輕鬆下來，感受這些天來的第一份平靜。當我們強迫自己面對最壞的情況，並在精神上接受它之後，我們就能衡量所有可能的情形，使我們處在一個可以集中精力解決問題的地位。

153

# 杜利奧定理——美國自然科學家、作家杜利奧

擁有積極樂觀的心態和百折不撓的信念，在遇到失敗時，堅定而自信的對自己說一聲「再試一次」。再試一次，你就可能達到成功的彼岸！

一個年輕人正值人生巔峰之時，卻被檢查出罹患白血病，這個結果猶如青天霹靂，一下子將他推向了絕望的深淵。他覺得人生已經沒有任何意義了，拒絕接受任何治療。

一個深秋的午後，他從醫院逃出來，漫無目的地在街上遊盪。忽然，一陣略帶嘶啞又異常豪邁的樂曲吸引了他。他循聲望去，不遠處，一位雙目失明的老人正撥弄著一件磨得發亮的樂器，向稀疏的人群動情的彈奏著。尤其引人注目的，是盲人的懷中還掛著一面鏡子！

年輕人好奇的走上前去，等盲人彈奏完一首曲子後，年輕人問道：「對不起，打擾了，請問這面鏡子是您的嗎？」

「是的，我的樂器和胸前的鏡子是我的兩件寶貝！音樂是世界上最美好的東西，我常常靠這些自娛自樂，有了它們，我就可以感覺到人生是多麼的美好……」

「可是，這面鏡子對你有什麼意義呢？」年輕人好奇的問。

盲人微微一笑說：「我希望有一天能出現奇蹟，也相信有朝一日我能用這面鏡子看見自己的臉，因此不管到哪裡，不管什麼時候我都帶著它。」

年輕人的心霎時被震撼住了：「一個盲人尚且如此熱愛生活，而我……」他突然醒悟了，坦然的回到醫院接受治療。儘管每次化療都讓他感到無比的痛楚，但自從聽到那位盲人的話之後，他再也沒有逃跑過。他堅強的忍受著長期痛苦的治療，相信生命總會出現奇蹟。半年之後，他終於恢復了健康，從此，他擁有了人生十分珍貴的兩件寶貝：積極樂觀的心態和百折不撓的信念。

也許我們的人生旅途上沼澤遍布，荊棘叢生；也許我們追求的風景總是山窮水盡，不見柳暗花明；也許我們虔誠的信念會被世俗的塵霧纏繞，不能自由翱翔；也許我們高貴的靈魂暫時在現實中找不到寄放的淨土……那麼，我們為什麼不以勇者的氣魄，堅定的對自己說一聲「再試一次」，你就可能達到成功的彼岸！

人與人之間往往只有很小的差異，卻造成了巨大的結果！這種極小的差異是指一個人的心態是積極，還是消極；而巨大的結果，就是成功與失敗。一個人的成功在於他們擁有積極的心態，能夠樂觀的面對人生，樂觀的接受挑戰，確定自己的理想，勇於邁向成功。

## 154 青蛙效應——美國康乃爾大學

保持一定的危機感與憂患意識是十分必要的。

十九世紀末，美國康乃爾大學做過一次有名的實驗。他們將一隻青蛙冷不防丟進沸水鍋裡，這隻反應靈敏的青蛙在千鈞一髮之際，用盡全力，跳出那會使牠喪命的沸水鍋，安然逃生。

隔了半小時，他們使用另一個同樣大小的鐵鍋，在鍋裡注滿冷水，接著將這隻死裡逃生的青蛙放進鍋裡，只見青蛙不時來回游水。接著，實驗人員在鍋底下用炭火慢慢加熱。

青蛙不知究竟，仍然在微溫的水中享受「溫暖」，等牠開始意識到自己已經受不了鍋中的水溫，必須奮力跳出才能活命時，一切已晚。青蛙欲振乏力，全身癱軟，只能呆呆的躺在水裡，最終葬身在鐵鍋裡面。

美國康乃爾大學的著名煮青蛙實驗告訴我們，迅速的環境變化能激起機體的反應機制，而緩慢變化的環境往往是最危險的。我們應保持高度的覺察能力，並且重視那些造成危機，緩慢形成的關鍵因素。

當生活的重擔壓得我們四周的出口時，我們往往能發揮意想不到的潛能，開闢出一條道路。

155

## 吉寧定理——美國德布林諮詢公司集團總裁吉寧

真正的錯誤是害怕犯錯誤。假如你想打中，先要有打不中的準備，這就是生命的遊戲。

將貓放在一個特製的迷籠內，籠外放著食物，貓在籠內亂跑亂撞中偶然觸動了開關，從而得到食物。在之後的重複實驗中，貓的紛亂動作隨著嘗試次數的增多而逐漸減少，最後貓一進入迷籠就去觸動開關，立刻就得到了食物。

動物學習的過程是一個不斷嘗試、不斷錯誤，最後獲得成功的漸進過程。問題解決是在一定情境和一定行為的多次聯結中，最後達到一定目的或效果的學習行為。

人與動物的學習在本質上是一樣的，只是複雜程度不同。這樣的觀點也適用於人類的學習，由於學生的嘗試是沒有指導的嘗試，大部分學生都無法在第一次嘗試中獲得成功，因此學生的學習過程必然是一個嘗試→錯誤→再嘗試→再錯誤，經過大量錯誤後才取得成功的「嘗試——錯誤」的漸進過程。

成功與失敗是相對的，事實上，它是一件事的兩面。打靶有打中與打不中兩種情形，「嘗試」可能產生錯誤，也能孕育出新創意。

# 156 塞里格曼效應——美國心理學家塞里格曼

當一個人遭遇失敗或挫折後，會產生絕望、抑鬱、意志消沉等情緒，甚而錯失下一次機會。

塞里格曼效應源於一個心理學實驗：

二十世紀八〇年代中期，塞里格曼的這一理論在實踐中得到了檢驗。美國某保險公司對雇用的五千名推銷員進行培訓。然而，雇用後的第一年，就有一半人辭職，四年後這批人只剩下五分之一。原來，在推銷保險的過程中，這些推銷員面對一次又一次被人拒之門外的窘境。為了確定是不是那些能將第一次拒絕當成挑戰，而非挫折的人較可能成為成功的推銷員，該公司向塞里格曼請教。

塞里格曼對參加過兩次測試的新員工進行了追蹤研究，這兩次測試，一次是該公司常規的測試，另一次是由塞里格曼設計，用以測試被測者的樂觀程度。這些人之中有一組人沒有通過常規測試，但卻在樂觀測試中取得「超級樂觀主義者」成績。追蹤研究表示，這一組人在所有人中的工作任務完成得最好。第一年，他們的推銷額比「一般悲觀主義者」高出百分之二十一，第二年高出百分之五十七。從此之後，能通過塞里格曼的「樂觀測試」，便成為該公司錄用保險推銷員的一個條件。

現實生活中，我們可以發現那些經常遭遇失敗或挫折的人，多少會有一些「習慣性無助」的現象。因為當他們發現無論自己如何努力，都以失敗告終時，就會覺得自己根本無能為力，精神支柱也會隨之瓦解，進一步喪失鬥志，最終放棄一切努力，並陷入深度的絕望中。

樂觀是人們成功的重要因素。樂觀主義者失敗時，會將失敗歸結於某些他們可改變的事，然後努力去克服困難，改變現狀，爭取成功。樂觀又與人的經歷有關，就像前面實驗中的小狗，如果我們想遠離絕望，遠離意志消沉，遠離抑鬱，就需要有堅強的信念。以樂觀的心態練就在磨難中戰勝環境的本領，永不放棄自己的希望，方能走上成功之路。

# 157

# 比倫定律——美國考皮爾公司前總裁比倫

若是你在一年中不曾有過失敗的紀錄，你就不曾勇於嘗試各種應該把握的機會。失敗也是一種機會。

失敗是矽谷成功的祕密，矽谷的人不論在媒體，或是公開場合都會以開放而透明化的心態來談論自己失敗的例子。他們從失敗中學習。

在矽谷失敗就是成功，不肯談論自己的失敗才是失敗。失敗會讓人們承認自己的不完美以及所犯的錯誤，這在高風險的企業中是非常重要的，人們必須彼此公開分享失敗的經驗，才能互相學習。

就像騎車一樣，第一次騎的時候總是不太順手，但摔了幾次之後，我們便能在疼痛中學會二輪行走的技巧。在矽谷，人們經常利用午餐時間交換如何從別人失敗的例子中學習，如果只是贏得僥倖，對我們而言，並不是真正的收穫。

達特茅斯學院塔克商學院的席尼．芬克爾斯坦教授出版了一本《聰明的經理為何會失敗》，他從企業界每年發生的眾多事件中，仔細篩選出上百個案例，情況皆十分曲折複雜，提供哈佛商學院等學校的學生研究。

芬克爾斯坦認為：「學習成功經驗的最好方法，是從研究失敗的教訓中獲得。」一透過研究別人的失敗來總結經驗教訓，降低「嘗試——錯誤」學習過程中所付出的成本。

美國管理學家彼得．德魯克認為：無論是誰，做什麼工作，都是在嘗試錯誤中學會的。經歷的錯誤愈多，人愈能進步，這是因為他能從錯誤中學到許多經驗。德魯克甚至認為：沒有犯過錯誤的人，絕不能擔任主管。

日本企業家本田先生說：「許多人都夢想成功，不過我認為，只有經過反覆的失敗和反思才能達到成功。事實上，成功只代表你努力的一％，它是另外九十九％被稱為失敗之物的結晶。」

在我們的人生中，機會無處不在，但又稍縱即逝，你不可能等到做好所有的準備後再去把握。所以我們要有一種嘗試錯誤的精神，即使最後證明自己錯了也不後悔，因為你把握了機會，也知道了你先前把握機會的方式是行不通的。人們常說失敗為成功之母，失敗是一筆財富，涵義也大致在此。

## 158 威克效應——美國康乃爾大學著名教授威克

實驗、堅持不懈、冒險、即興發揮、迂迴前進、混亂、刻板、隨機應變，這些全都有助於應付瞬息萬變的形勢。一次偶然的成功經驗，並不能奉為一生一世的成功法則，每一個新的開始都需要付出新的努力。

一次偶然的成功經驗，並不能奉為一生一世的成功法則，每一個新的開始都需要付出新的努力。世上沒有一成不變的事物，也沒有放之四海而皆準的真理。

美國康乃爾大學著名的威克教授做過一個十分有趣的實驗。首先，他將一只玻璃瓶平放在桌子上，瓶子的底部朝著窗戶有光的一面，瓶口打開，然後放進幾隻蜜蜂。只見這些蜜蜂在瓶子內朝著有光線的地方飛去，不停的在瓶底尋找出口，結果都只是撞在瓶壁上。經過幾次飛行後，蜜蜂終於發現自己永遠也無法從瓶底飛出去，只好認命、奄奄一息的停在有光線的瓶底。

接著威克教授將蜜蜂放出，仍然將瓶子依原來的樣子放好，再放進幾隻蒼蠅。不久，蒼蠅就一隻不剩的全部從瓶口飛了出來。

在這個實驗中，蒼蠅和蜜蜂的命運截然不同。為何蒼蠅能找到出路？原來，蒼蠅堅持多方嘗試，飛行時或向上，或向下，或背光，或向光，一旦發現此路不通，便立即改變方向，最後終於找到瓶口飛了出來。蒼蠅靠著不懈的努力，在受挫後總結教訓，最終找到出路。而蜜蜂卻一條路走到底，即使面對無法穿越的瓶底也不回頭，自然只能陷於困境之中。

在蜜蜂的思維裡，玻璃瓶的出口必然會在光線最明亮的地方。可憐的蜜蜂沒有意識到環境的變化，還一味的堅持過往的經驗，不停的重複所謂合乎邏輯的行動，最終還是失敗。而蒼蠅對事物的邏輯毫不在意，也全然無視於光線的吸引，在瓶中四下亂飛，結果誤打誤撞的碰上了好運氣。

蒼蠅的頭腦肯定是簡單的，可是有時頭腦簡單，反而能在智者消亡的地方獲得成功。因此，蒼蠅在非常規思維中和無目標的飛行下找到出口，並幸運的獲得自由和新生。

蜜蜂之誤固然可笑，然而在現實生活中，人們也往往重複著蜜蜂的「經驗」而渾然不覺。將「經驗」當成「知識」，往往是使成功轉變為失敗的樞紐。人們有時太相信自己過去的成功經驗，並將它當作放之四海皆準的「知識」進行放大，結果只能陷入盲點而導致失敗。

# 159 踢貓效應

每個人都不是孤獨的存在。人的不滿情緒和低落的心情，一般會隨社會關係鍊條依次傳遞，由地位高的傳向地位低的，由強者傳向弱者，然後一直擴散到最底層。

畢先生召開會議說：「同仁們，我們必須振作起來。你們有人上班遲到早退，現在，我以公司董事長的身分重整一切。從今開始，我將早到晚退，做個表率。」畢先生幾天之後他就遲到了。他在外午餐時，看報看得太入迷。「啊！我的天，我必須在五分鐘內趕回辦公室。」。車子開得飛快，因被交通警察開了罰單。

他回到辦公室時，為了轉移別人的注意，就將銷售經理找來，生氣的問銷售案是否已經定案了。銷售經理說：「畢先生，我出了錯，失去了這筆生意。」「你最好將這筆生意爭取回來，否則就開除你。再看看這位銷售經理的情形吧！他走出辦公室，抱怨說：「現在，因為失去一筆生意，就恐嚇開除我。真豈有此理！」

他把祕書叫進來問：「今天早上我給妳的那五封信打好了沒有？」我告訴妳，我要妳趕快將這些信件打好，如果妳辦不到，我就交給其他人去做。這些信今天要寄出去，否則妳就給我走人。」看看這位祕書的情形。她並抱怨說：「真是煩透了。就因為我無法同時做兩件事情，他就恐嚇說要辭退我。」她走到總機小姐那裡說：「我有一些信件要妳幫忙。這是急事，這些信我今天就要寄出去。」啊！她也變得煩亂了。

請再看看總機小姐吧！她大發脾氣：「如果沒有我，公司的事情早就停頓了。」總機小姐將信件打出來了，但是她心裡很不是滋味。

她回到家時仍在發怒，進了屋子之後，她看到孩子躺在地上看電視。第二件事情是孩子的短褲破了一個大洞。她說：「我告訴你多少次，放學回家後要換上便服。我養育你，已經被折磨得要死。現在，你必須到樓上去，今天你的晚飯就別吃了。」啊！她也變得煩亂了。

現在，兒子他走出房間說：「真是莫名其妙。我正在替她做事情，但是她不給我解釋，到底發生了什麼事？」大約就在這時候，他的貓走到他面前。小孩狠狠的踢了牠一腳，並說：「你給滾我出去！你這臭貓。」

這就是著名的踢貓效應。

生活中有許多事情是無力改變的，唯一能改變的是自己的心情。遇到不如意的事時，積極調整自己的心態，不要讓自己的不良情緒影響到身邊的人。

160

# 摩斯科定理——美國管理學家摩斯科

你得到的第一個回答，不一定是最好的回答。只要你沒有抓住事物真實的一面，就不要輕易下結論，也不要為事物的表象所欺騙、迷惑。

美國一家鞋子製造廠為了擴大市場，工廠老闆便派一名市場經理到非洲一個孤島上調查。這名市場經理到達後，發現當地人都沒有穿鞋子的習慣。回到旅館，他馬上發電報告訴老闆：「這裡的居民從不穿鞋，所以沒有市場。」

當老闆接到電報後，思索良久，便吩咐另一名市場經理去實地調查。當這名市場經理見到當地人沒穿任何鞋子的時候，心中興奮萬分，馬上回旅館電告老闆：「這裡的居民沒有鞋穿，市場潛力巨大，快寄一百萬雙鞋子過來。」

同樣的情況，卻有不同的觀點與結論，這也充分說明了摩斯科定理：你得到的第一個回答，不一定是最好的回答。

人類常有一種不可思議的盲點，習慣先入為主。假扮耶穌的看門人以自己的觀點來看待世間的問題，所以也就先入為主，草率的下了結論。然而有些時候事情的表面並非它實際的樣子，只要你沒有抓住事情真實的一面，就不要輕易下結論，也不要為事物的表象所欺騙、迷惑。

161

# 冰山定律——美國經濟學家馬歇爾

美國經濟學家馬歇爾指出，對任何事物只能瞭解到它的八分之一，它有如露出水面的冰山，雖然唾手可得，但也只是冰山一角。要瞭解深度，就必須往下追尋，露出的冰山雖然容易覓得，但也因此缺乏深度及特點。而冰山以下的空間是無限的，愈向深處尋找，未發掘的空間及境界也愈廣。

兩個天使到一個富人家借宿，這家人拒絕讓他們在臥室過夜，而是在地下室為他們找了一個角落。當他們鋪床時，老天使發現牆上有一個洞，就順手把它修補好了。年輕的天使問為什麼，老天使回答：「有些事並不像它看上去那樣。」

第二晚，兩個天使又到了一個貧窮的農家借宿，主人夫婦將僅有的一點食物拿出來款待，然後又讓出自己的床鋪給他們。第二天一早，兩個天使發現夫婦在哭泣，他們唯一的一頭乳牛死了。年輕的天使非常憤怒的質問老天使為什麼會這樣，第一個家庭什麼都有，老天使還幫他們修補牆洞，第二個家庭儘管如此貧窮，還是熱情款待客人，而老天使卻沒有阻止乳牛的死亡。

老天使答道，「當我們在地下室過夜時，我從牆洞看到牆裡面堆滿了金塊。因為主人被貪念所迷惑，不願意分享他的財富，所以我把牆洞填上了。昨晚，死亡之神來召喚農夫的妻子，我讓乳牛代替了她。」

162

# 鳥籠邏輯

在多數時候，人們都是採取最熟悉的方法來解決問題，因為我們覺得使用自己最瞭解的方式，更易取得成效。兩點之間最短的距離並不一定是直線，最瞭解的方式並不一定有效。

如果你將一個漂亮的鳥籠掛在房間最顯眼的地方，過不了幾天，主人一定會做出以下兩種選擇：一是將鳥籠扔掉，一是買一隻鳥回來放在鳥籠裡。這就是「鳥籠邏輯」。

設想你是房間的主人，只要有人走進房間看到鳥籠，就會忍不住問你：「鳥呢？是不是死了？」當你回答：「我從來沒有養過鳥。」人們便會問：「那麼，你買一個鳥籠幹什麼？」

為了避免此類的談話一再的打擾你，最後，你不得不在兩種選擇中二選一，因為這比無止境的解釋要容易得多。

在多數時候，人們都是採取最熟悉的方法來解決問題，因為我們覺得使用自己最瞭解的方式，更易取得成效。但當我們努力用熟悉的解決方案去解決問題時，許多根本問題仍然沒有得到改善，甚至更加惡化。

163

# 思維定勢

對某一特定活動的準備狀態，可以使我們在從事這些活動時相當熟練，甚至達到自動化；但它的存在也會束縛我們的思維，使我們只用常規方法解決問題，而不尋求其他「途徑」。

任何事物都有利弊，善於運用，因勢利導，才能創新。

有一道試題：某警察局長在路邊與一位老人談話，這時跑來一個小孩，急忙對局長說：「你爸爸和我爸爸在那邊吵起來了！」老人問：「這孩子是你什麼人？」局長說：「是我兒子。」請你回答：這兩個吵架的人和警察局長是什麼關係？

在一百名測試者中只有兩個人答對！後來，對一個三口之家問這個問題，父母沒答對，孩子卻很快答了出來：「局長是孩子的媽媽，吵架的一個是局長的丈夫，即孩子的爸爸；另一個是局長的爸爸，即孩子的外公。」

為什麼這麼多成年人都解答不出如此簡單的問題，反而一個孩子卻回答得出來呢？這就是思維定勢在作怪。依照成人的經驗，警察局長應該是男的，從「男局長」這個思維定勢去推想，自然得不到正確答案。而小孩子沒有這方面的經驗，也就沒有思維定勢的限制，因此能立刻得出了正確答案。

164

# 鯀魚效應——心理學家霍斯特

承認問題是解決問題的第一步。你愈是躲著問題，問題愈會揪住你不放。

當我們犯錯時，腦子裡往往會出現想隱瞞自己錯誤的想法，害怕承認之後會沒有面子。其實，承認現在的處境，才是解決問題的第一步。出現問題就找個藉口來應付，反而會讓個人產生無力感、厭煩感。與其迴避問題，不如承認問題所在，接受處置。

鯀魚因個體弱小而常常群居，並以強健者為首領。如果將一條強健鯀魚的後腦割除，此魚便失去自制力，發生行為紊亂，而其他的鯀魚卻仍像從前一樣盲目的追隨著牠。面對首領的變化，其他鯀魚的這種盲目追隨和行為慣性，顯示出魚群的一種習慣性防衛。

自從心理學家霍斯特發現鯀魚的這種行為特徵後，「鯀魚效應」就常常與習慣性防衛相聯繫，並被企業用來討論應該如何應對變革的問題。

霍斯特的發現只是提醒我們要警惕組織內的「鯀魚效應」，組織內群體的思維定性和行為慣性源自於內心的習慣性防衛，個體的習慣性防衛一般源於習慣、安全感和對未知因素的畏懼。

做為人類根深柢固的一種習性，習慣性防衛猶如我們穿在身上一件看不見的防護衣，在保衛自己免受外界威脅和變化的同時，也遮蔽了自己的眼界和真實想法。美國心理學家阿吉瑞斯說：「防衛性心理使我們失去檢討自己想法是否正確的機會。」

在深層變革的時代，我們應學會如何降低習慣性防衛。例如減少防衛反應對情緒上的威脅，不斷進行自我反思以及建立破除防衛心態的信心。一般來說，有才華的人常常在無形中消除種種反對意見，然而，一旦這些事情不可避免的發生了，他們首先是傾聽對方訴說，並且向對方表示自己完全理解及尊重他們的意見，然後再陳述解決的辦法及自己的看法。

如果我們一開始就急於證明對方的觀點正確或是愚蠢的，那麼我們自己也做了件傻事，結果只是使對方堅持己見。如果我們對他們表示出應有的尊敬和同情，了解他們的真實意圖，然後循序漸進的指出他有可能步入的盲點，我們就比較容易使他們來遷就和尊重我們的意見。

# 165 比林定律──美國幽默作家比林

一生中的麻煩有一半是由於太快說「是」，太慢說「不」所造成的。

喬治問父親：「世界上最難發音的是什麼字？」

父親說：「我知道一個這樣的詞，它只有兩個字母，但是它卻是世界上最難說的字！」

「只有兩個字母！那是什麼呢？」喬治問。

「在所有的語言裡，我所見過的最難說的字是只有兩個字母的NO（不）。」

「您在開玩笑！」喬治喊道，他不以為然的說，「NO，NO，NO！這真是太容易了！」

「今天你可能覺得很容易，但以後你會明白為什麼這個字是最難說的。」

第二天，喬治和往常一樣去上學了，在學校不遠處有一個很深的池塘，冬天孩子們常在那裡滑冰。一夜之間，冰已經覆蓋了整個湖面，但冰還不是很厚，放學之後，男孩子都跑到了池塘那兒，有幾個已經走上了湖面。

「來呀，喬治，」夥伴們大聲喊道，「我們可以好好滑一圈了。」喬治有些猶豫，他看到冰面並不結實。

「放心吧！以前湖水也曾在一天之內就結成冰面了，肯定不會有問題的！」

「只有膽小鬼才不來呢！」夥伴們譏笑道。

喬治不能忍受夥伴們的嘲笑，他一直都認為自己是一個勇敢的小孩。「我才不是膽小鬼呢！」他大聲說道，然後就衝上了湖面。突然有人大聲喊：「冰裂了，冰裂了！」。

當人們將他們救出來的時候，三個孩子都凍僵了。晚上，喬治醒了，坐在溫暖的爐火前，父親問：「為什麼不聽我的話，要到冰面上去，難道我沒有警告過你那是很危險的嗎？」

「難道是他們拉著你的胳膊，把你拖上去的？」父親接著問。

「不，沒有，但是他們嘲笑我是個膽小鬼。」喬治回答。

「那你為什麼不說『不』呢？你寧願不聽我的話，冒著生命的危險也不願對人說『不』嗎？昨天晚上你說『不』是最容易說的，但你並沒有做到，不是嗎？」父親最後說道。

喬治回答不出來了，現在他終於明白了為什麼最難說的字是「不」字了。

166

# 小池定理——日本管理學家小池

愈是沉醉，就愈會抓住眼前的東西不放。

有一個人被歹徒追趕到一條大河邊，河水很急，根本游不過去，河上連一座橋也沒有，更沒有船。

於是，這個人暫時藏了起來，歹徒一時半刻還找不到他，但這並非長久之計，因此他打算做一隻竹筏渡河，到了對岸就安全了。他夜以繼日的用竹子、樹皮做成了竹筏，划著竹筏到了河對岸，等到那些歹徒發現他的時候，他已經安全的從險境中逃了出來。

到了對岸，他對以前發生的事仍然心有餘悸，過去那些逃亡的日子實在是太可怕了！多虧了這個竹筏，現在終於安全了。他想：「如果不是這個竹筏，我現在已經性命難保了，這個竹筏對我來說實在是太重要了！」於是他將這個竹筏揹在背上，繼續向前走，可是竹筏太重了，一天只趕了一小段路，三天後，那些歹徒便將他抓住了。原來歹徒也做了竹筏來追趕他，由於他揹著竹筏，行走太慢，最終還是沒有逃過歹徒的魔爪。

當他被抓住的時候，他感嘆道：「竹筏救我，竹筏亦害我！」人生是有捨有得的，要學會割捨，懂得放棄，你才能得到自己最想得到的東西。

## 167 列文定理——法國管理學家列文

那些猶豫著遲遲不能做出計劃的人，通常是因為對自己的能力沒有把握。如果沒有能力去籌劃，就只有時間去後悔了。

每個人都有過這樣的想法：既然每道難題都有最好的解決辦法，那麼我為什麼不多想想，進而做出最正確的選擇呢？其實，就是這種在很多人身上都存在的固有思考方式，導致我們原本簡單的生活複雜化。

雖然每個人都有自己做決定的獨特方法，但不幸的是，許多人都認為自己的選擇未必是最正確的。因為我們無法預知將來，無法提前看到我們的選擇究竟會有多少益處，害怕將來不遂人意。

然而，將來的事又有誰能把握住呢？最重要的是抓住現在。只要你現在覺得自己是對的就可以了，如果相反呢？那也簡單，馬上改過來！

總之，我們必須瞭解：充分利用現有資源，最大限度的為自己的選擇服務；相信自己能隨著局勢的變化，做出適當的調整。如果意識到自己的選擇是錯誤的，以最快的速度放棄，並給予自己新的機會。

## 168

# 王安論斷——美籍華裔企業家王安

猶豫不決固然可以免去一些做錯事的機會，但也失去了成功的機遇。

華裔電腦名人王安聲稱影響他一生的最大的教訓，發生在他六歲的時候。

有一天，王安外出玩耍，經過一棵大樹時，突然東西掉在他的頭上，原來是個鳥巢。於是趕緊用手撥開。鳥巢掉在了地上，從裡面滾出一隻嗷嗷待哺的小麻雀。決定將牠帶回去餵養。

王安回到家門口，忽然想起媽媽不許他在家裡養小動物。於是，他輕輕的將小麻雀放在門後，匆忙走進屋內，請求媽媽允許。在他的苦苦哀求下，媽媽破例答應了王安的請求。王安興奮的跑到門後，不料小麻雀已經不見了，而一隻黑貓正在那裡意猶未盡的舔著嘴巴。王安為此傷心了好久。

從這件事王安得到了一個很大的教訓：只要是自己認為對的事情，絕不能優柔寡斷，必須馬上付諸行動。不能做決定的人，固然沒有做錯事的機會，但也失去了成功的機運。

永遠不可能有百分之百的把握！條件差不多就要勇敢去做，闖出自己的事業，不要猶豫、徬徨，即使做了不一定成功，但至少為下一次累積了經驗。

169

# 蛻皮效應

許多節肢動物和爬行動物生長期間，舊的表皮會脫落，由新長出的表皮來代替，通常每蛻皮一次就長大一些。能不斷超越自己，便可取得成功。

愛迪生研究電燈時遇到許多困難，一千六百種種材料被他做成各種形狀的燈絲，效果都不理想。半年後人們失去了耐性，紐約《先驅報》說：「現在已經完全證實愛迪生的失敗，他以為這是一個完全新穎的問題，他自信已經獲得別人沒有想到的用電發光的辦法。可是，紐約電學家們都相信，愛迪生的路走錯了。」

面對這樣的報導，愛迪生不為所動，繼續實驗。英國郵政部的電機師普利斯在公開演講中質疑愛迪生的作法，他認為將電流分到千家萬戶，並用電錶來計量，是一種幻想。有人說：「不管愛迪生有多少電燈，只要有一個電燈壽命超過二十分鐘，我情願付一百美元，有多少買多少。」也有人說：「即使發明了這樣的電燈，我們也用不起。」

對於閒言閒語，愛迪生彷若未聞，繼續摸索。終於，一年後，愛迪生製造出持續照明四十五小時的電燈，完成了對自己的超越。經過堅持和努力，愛迪生不但成就了自己的蛻變，樹立了自己在世人心目中偉大的發明家地位，更促成了人類生活方式的一次大變遷。

## 170

# 佛洛斯特法則——美國思想家佛洛斯特

在築牆前應該知道把什麼圈出去，把什麼圈進來。學會選擇，懂得放棄。

電視上有一個節目，是數鈔票比賽。主持人拿出一大疊面值不一的鈔票，雜亂疊放，在規定的三分鐘內，四名觀眾進行點鈔比賽。這四名參賽者誰數得最多，數目又最準確，他就可以獲得剛剛所數的現金。

主持人一宣布完遊戲規則，頓時引起全場轟動。而在短短的幾分鐘內，就能獲得幾千元的獎金，能不叫人覺得興奮嗎？

遊戲開始了，四名參賽者數起了鈔票。在這三分鐘內，主持人是不會讓參賽者安心點鈔的，他拿著麥克風，輪流請參賽者回答腦筋急轉彎，來打斷他們的思路，並且規定必須答對題目，才能繼續往下數。

不久，時間到了，四名參賽者手裡各拿了厚薄不一的鈔票。主持人請他們寫下所數鈔票的金額。第一位寫下三四七〇元。第二位寫下五八三六元。第三位也寫下了四八八九元的好成績。而第四位只寫了五百元。

當主持人報出這四組數字的時候，台下一片哄笑聲，他們都不理解，為何第四名參賽者會數得那麼少呢？

這時，主持人開始公布四人所數鈔票的正確金額，眾目睽睽之下，主持人將四名參賽者所數的鈔票重數了一遍，前三名數得多的參賽者，不是多算了一百元，就是少算了五元或十元，距離正確數目，都只是一「票」之差。只有數得最少的第四位，才完全正確。

依照遊戲規則，只有第四位參賽者才能獲得五百元獎金。台下的觀眾議論紛紛。這時，主持人拿著麥克風，告訴大家一個祕密：自從這個節目開播以來，所有參賽者所得到的最高獎金，從來沒人能超過一千元。

全場觀眾若有所悟。主持人最後說：「有時，聰明的放棄，其實就是經營人生的一種策略，也是人生的一種大智慧。不過，它需要更大的勇氣和睿智啊！」

# 171 巴納姆效應——美國著名的雜技演員蕭曼．巴納姆

人很容易相信一個籠統的、一般性的人格描述，即使這種描述十分空洞，仍然被認為反映了自己的人格面貌。

人類的思想意識領域有諸多共性的東西，而人們在認識自我的時候，容易被共性欺騙。

有位心理學家曾經針對巴納姆效應做過一個實驗，他替一群人做完明尼蘇達多相人格檢查表（MMPI）後，拿出兩份結果，讓參加者判斷哪一份是自己的結果。事實上，這兩份結果，一份是參加者自己的，另一份是多數人的回答平均起來的結果。而參加者竟然認為後者更準確的表達了自己的人格特徵。著名的雜技演員蕭曼在評價自己的表演之所以受歡迎時，說是因為節目中包含了每個人都喜歡的成分，所以他使得「每一分鐘都有人上當受騙」。

認識自己，心理學上叫自我知覺，是一個人瞭解自己的過程。巴納姆效應說明人類的思想意識領域有諸多共性的東西，而人們在認識自我的時候，容易被共性欺騙，下面一段話是心理學家使用的材料，你覺得是否也適合你呢？

你很需要別人喜歡並尊重你。你有自我批判的傾向。你有許多可以成為你優勢的能力沒有發揮出來，同時你也有一些缺點，不過你通常可以克服它們。你與異性交往

有些困難，儘管表面上顯得很從容，其實你內心焦急不安。你有時會懷疑自己所做的決定或所做的事是否正確。你喜歡生活有些變化，厭惡受人限制。你以自己能獨立思考而自豪，你不會接受別人沒有充分證據的建議。你認為在別人面前過於坦率的表露自己是不明智的。你有時外向、親切、善於交際，有時則內向、謹慎、沉默。你有些抱負往往很不現實。

在日常生活中，我們既不可能時時刻刻反省自己，也不可能總是將自己放在局外人的角度來觀察自己，於是只能借助外界資訊來認識自己。

我們在認識自己的過程中，有兩個方法，一個是自我反省，另一個是將自己放在局外人的角度來觀察自己，即借助於外界資訊來認識自己。此外，也有人透過各種星座判斷，或算命先生的話來認識自己，但是這種認識帶有很大的暗示性，因為這些描敘是一些大眾的、一般的描述，對於許多人來說，都是適用的，正確的。我們在認識自己的過程中，可以將這些作為參考，而對自己準確的瞭解，還是要靠自己來判斷。

## 172 舍恩定理——美國麻省理工學院教授舍恩

新思想只有落到真正相信它、對它著迷的人手裡，才能開花結果。

一個星期五的晚上，龍捲風橫掃多倫多名叫巴里的城市。這場災難造成許多人死亡和財產被毀。星期天晚上，布羅克特回家途經巴里時，目光所及，盡是些被摧毀的房子和汽車。同一天晚上，鮑伯也經過這條公路，也像布羅克特一樣看著那一片斷壁殘垣。只不過，鮑伯的想法與布羅克特大為不同。鮑伯是泰利米迪亞通信技術公司——一個在安大略省有許多電台公司的副總裁。他認為必須用電台，提供幫助。

在接下來的那個星期五，鮑伯將泰利米迪亞的所有人員召進了辦公室。從現在開始，你們願意在三天之內為巴里的人們籌集三百萬美元嗎？辦公室裡鴉雀無聲。終於，有一個人說：「鮑伯，你瘋了。我們如何也做不到的！」

鮑伯說：「我沒有問你們是否能夠做到，或者是否應該做到，我只是問你們願不願意去做。」聽了這個回答，鮑伯就在那三個「3」的下面畫了一個大大的「T」。他在「T」的一邊寫下：「我們為什麼做不到？」又在「T」的另一邊寫下：「我們如何去做到？」

終於有人說：「我們可以在加拿大全境用無線電播放一個專題節目。」鮑伯說：「這是一個好主意。」然後就把它寫了下來。他還沒有寫完，就有人說：「我們不可能在加拿大全境播放一個專題節目，因為我們的電台頻率並未覆蓋整個加拿大。」的確是一個客觀存在的阻礙。他們只在安大略省和魁北克省擁有電台。

突然，有一個人說：「我們可以讓哈威·柯克和勞埃德·羅賓遜，這兩位加拿大廣播公司裡，最有名氣的人物來主持這個專題節目。」。

到了下星期二，他們成功的聯絡了多家電台，並策劃了一個多家電台聯合廣播。果然是請到了哈威·柯克和勞埃德·羅賓遜主持了這個節目。他們在3個工作日裡，成功的募集到了三百萬美元！只要巴里的人們能夠得到這筆錢，功勞歸誰都無所謂。

由此可見，如果我們將精神全部集中到「怎樣去做到」而不是「為什麼做不到」上面，情形會完全不同，你將可以攻無不克，戰無不勝。

173

# 一分鐘效應——著名教育家班傑明

一分鐘的時間可以做許多事情，可以改變許多事情。

不積跬步，無以至千里；不積小流，無以成江海。

著名教育家班傑明曾經接到一個年輕人的求教電話，並與那個嚮往成功、渴望指點的年輕人相約見面。

當年輕人如約而至時，班傑明的房門敞開著，眼前的景象令年輕人頗感意外——亂七八糟、一片狼藉。

沒等年輕人開口，班傑明就招呼道：「你看我這間房間，太不整潔了，請你在門外等候一分鐘，我先收拾一下，你再進來吧。」一邊說著，班傑明一邊輕輕關上了房門。

不到一分鐘的時間，班傑明又打開了房門，並熱情的將年輕人請進客廳。這時，青年人的眼前出現了另一番景象——房間內的一切已變得井然有序，而且有兩杯剛倒好的紅酒，在淡淡的香水氣息中漾著微波。

可是，沒等年輕人將滿腹有關人生和事業的疑難說出來，班傑明就非常客氣的說道：「乾杯。你可以走了。」

年輕人手持酒杯愣住了，既尷尬又遺憾的說：「可是，我……我還沒向您請教呢！」

「這些……難道還不夠嗎？」班傑明一邊微笑，一邊掃視著自己的房間，輕聲細語的說，「你進來又過一分鐘了。」

「一分鐘……一分鐘……」青年人若有所思的說，「我懂了，您讓我明白了一分鐘的時間可以做許多事情，可以改變許多事情的深刻道理。」

班傑明會心的笑了。年輕人將杯裡的紅酒一飲而盡，向班傑明連連道謝後，開心的走了。

其實，只要把握好生命的每一分鐘，也就把握了理想的人生。

每天進步一點點，並不是很大的目標，也並不難實現。也許昨天一天中，「我」也曾努力磨練並獲得可喜的成績，但今天的我必須超越昨天的「我」，更加進步，更加充實。人生的每一天都應該充滿新鮮的東西。

在人生的道路上，每天前進一點點，就是穩健、持續的前進過程。「不進則退」，只要是在前進，無論前進多麼小的一點點都無妨，但一定要比昨天前進一點點。人生也必須每天持續小小的努力，才能有所成就。

174

# 納爾遜原則——美國卡爾森公司首席執行官納爾遜

永遠別嫌小。使人疲勞的不是遠方的高山，而是鞋子裡的一粒沙子。

在非洲草原上，有一種不起眼的動物叫作吸血蝙蝠，牠的身體極小，卻是野馬的天敵。這種蝙蝠靠吸動物的血生存，在攻擊野馬時，牠常附在野馬的腿上，以鋒利的牙齒迅速、敏捷的刺入野馬的腿中，然後用尖尖的嘴吸食血液。無論野馬怎麼狂奔、暴跳，都無法驅逐這種蝙蝠，而蝙蝠卻可以從容的吸附在野馬身上，直到飽足之後才滿意離去，而野馬則往往是在暴怒、狂奔、流血中無奈的死去。

動物學家百思不得其解，小小的吸血蝙蝠怎麼會讓龐大的野馬斃命呢？於是，他們進行了一次實驗，觀察野馬死亡的過程。結果發現，吸血蝙蝠所吸的血量是微不足道的，並不會使野馬斃命。動物學家在分析這一問題時，一致認為野馬的死亡是牠暴怒的習性和狂奔所致，而不是因為蝙蝠吸血所致。

在生活中，將人們擊垮的，有時並不是那些看似滅頂之災的挑戰，而是一些微不足道、雞毛蒜皮的小事。由於有些人不善於梳理自己的工作與生活，分不清事情的輕重緩急，將大部分時間和精力無止境的消耗在雞毛蒜皮的小事中，或消耗在別人的事情上，在盲目的忙碌中偏離了自己的角色，最終一事無成，正像小小的蝙蝠能將野馬強大的生命置於死地一樣。

## 175 盪秋千原理

只要持之以恆、毫不懈怠，平地的秋千甚至可以直上雲端。業發展起起落落，處在低谷時更要加倍努力。只要堅持，總會欣賞到高處的風景。

小時我們都曾盪過秋千，這是一個再簡單不過的遊戲，但仔細品味一下，卻包含了很深的人生哲理：只要毫不懈怠的重複做著同樣的動作，平地的秋千甚至能夠直上雲端。

秋千可以說是所有遊戲中最簡單的，盪秋千的人只要重複做同樣的動作，就能讓秋千的高度不斷增大。當然，秋千所達到的高度與每次的施力是密不可分的，任何一次偷懶都會讓秋千擺動的高度降低。所以雖然所做的動作簡單，卻依然要一絲不苟的「踏實」實踐。起起落落之間，盪秋千原則為人生提供了足夠的啟迪。

在企業營運中，管理者的「秋千」也應如此，每一步都要腳踏實地，不能偷懶，否則最終的效果就會大打折扣。古往今來，成功者無不在盪秋千的過程中兢兢業業，一絲不苟。

堅持到最後一刻，成功就屬於你了。

176

# 臨界點效應

無論是爬山還是跑步，在你咬緊牙關的那一刻，就是你做一件事情的臨界點，若你堅忍不拔的堅持下去，就會挺過臨界點，進入一個新的境界。

在工作和事業中要取得成功，需要有挺過臨界點的勇氣，和堅持到底的耐性。

爬山爬到某個高度時，會感到筋疲力竭，再也不想往上爬一步，但此時只要咬緊牙關堅持下去，過了一會兒就會感到開始舒服起來，爬山的樂趣油然而生；跑步跑到某個路程時，也會感到筋疲力竭，但只要咬緊牙關堅持下去，過了一會兒就會感到呼吸順暢，兩條腿也好像自動跑了起來，繼續跑下去的勇氣會轉變成一種輕鬆的向前跑的慣性，接著再跑下去，你就能跑得更遠。

無論是爬山還是跑步，在你咬緊牙關的那一刻，就是你做一件事情的臨界點，如果你堅忍不拔的堅持下去，就會挺過臨界點，進入一種新的境界，不再害怕所面對更長更困難的挑戰，並且在迎接挑戰的過程中，得到一種身心樂趣、一份成就感和一份自信。

不能跨越生命的臨界點，我們就會吃盡失敗的苦頭；而要想跨越生命的臨界點，我們可能需要經歷更多的考驗；但是，只要你能夠忍受黎明前最黑暗的那一刻，太陽一定會帶著滿天的朝霞，為向著東方奔跑的你燦爛升起。

# 177 吉格勒定理——美國培訓專家吉格·吉格勒

除了生命本身，沒有任何才能不需要後天的鍛鍊。

沒有人能只依靠天分成功，上帝給予了天分，勤奮將天分變為天才。

左腦主管思考，對數字、流程比較敏感；右腦則是感性而人性化的。右腦思維是天生的，左腦思維是後天培養的。小孩子一生下來，右腦思維是百分之百，左腦思維是零，可是在受教育的過程中，尤其是為了升學拚命讀書，受到最多訓練的幾乎有百分之九十五是左腦思維。這就說明了，才能和技巧都是後天培養出來的。

「除了生命本身，沒有任何才能不需要後天的鍛鍊。」這是美國最著名的培訓專家吉格·吉格勒說的一句名言。

對一個人來說，才能的養成需要後天的勤奮學習；對一個企業來說，它的競爭力和優勢同樣在於不斷的學習。雖然員工進入公司時已經具備了一定的知識、技能和技巧，但是要適應一個新環境並取得好的成績，仍然需要專門的員工培訓。

在這個變化迅速的時代，唯一不變的就是「變化」，而教育與培訓的任務就是讓人們不斷適應變化中的世界。二十一世紀最成功的企業將是「學習型組織」，因為未來唯一持久的競爭優勢，就是你比競爭對手學習得更快。

## 178 貝爾效應——美國佈道家、學者貝爾

成功其實並沒想像中困難，它有時需要的僅僅是你的勇氣，這正是一般人所缺乏的！對事業懷有信心，相信自己，是獲得成功不可或缺的前提。

一九六八年羅伯特·舒樂立志在加州用玻璃建造一座水晶大教堂，他向著名的設計師菲利普·強生表達了自己的構想：「我要的不是一座普通的教堂，我要在人間建造一座伊甸園。」

重要的是，這座教堂本身要具有足夠的魅力來吸引捐款。」七百萬美元對當時的舒樂來說，是一個超大的數字。舒樂拿出一張白紙，在最上面寫上「七百萬美元」，又寫下十行字：

1. 尋找一筆七百萬美元的捐款。
2. 尋找七筆一百萬美元的捐款。
3. 尋找十四筆五十萬美元的捐款。
4. 尋找二十八筆二十五萬美元的捐款。
5. 尋找七十筆十萬美元的捐款。
6. 尋找一百筆七萬美元的捐款。
7. 尋找一百四十筆五萬美元的捐款。

8. 尋找二百八十筆二萬五千美元的捐款。

9. 尋找七百筆一萬美元的捐款。

10. 賣掉一萬扇窗，每扇七百美元。

六十天後，舒樂用水晶大教堂奇特而美妙的模型，打動了富商約翰·可林捐出第一筆一百萬美元。

第六十五天，一位聽了舒樂演講的農民夫婦，捐出第一筆一千美元。

第九十天，一位被舒樂孜孜以求精神所感動的陌生人，在生日的當天寄給舒樂博士一張一百萬美元的銀行支票。

八個月後，一名捐款者對舒樂說：「如果你的誠意與努力能籌到六百萬美元，剩下的一百萬美元由我來支付。」

第二年，舒樂博士以每扇五百美元的價格請求美國人認購水晶大教堂的窗戶，付款的辦法為每月五十美元，十個月分期付清。六個月內，一萬多扇窗戶全部售出。一九八〇年九月，歷時十二年，可容納一萬多人的水晶大教堂竣工，成為世界建築史上的奇蹟與經典，也成為各地前往加州的人必去瞻仰的勝景。

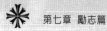

179

# 毛毛蟲理論——法國科學家約翰・法布爾

毛毛蟲天生有一種「跟隨者」的習性，因此牠們一隻跟著一隻，盲目的跟隨前面的毛毛蟲，繞著花盆一圈圈爬行。有目標，一分一秒都是成功的紀錄；沒有目標，一分一秒都是生命的流逝。

法國科學家約翰・法布爾曾進行過一個「毛毛蟲實驗」。他在一個花盆的邊緣擺放了一些毛毛蟲，讓牠們首尾相接，圍成一個圈，並在離花盆六英寸之處撒了一些牠們最愛吃的松針。由於這種毛毛蟲天生有一種「跟隨者」的習性，因此牠們一隻跟著一隻，盲目的跟隨著前面的毛毛蟲，繞著花盆一圈圈爬行。令法布爾感到驚訝的是，這群毛毛蟲在花盆邊緣一直走到筋疲力竭才停下來，其間雖然曾稍作休息，但還是沒吃沒喝，連續走了十多個小時。

時間慢慢過去，一分鐘、一小時、一天、兩天……守紀律的毛毛蟲行列絲毫不亂，依然這樣沒頭沒腦的兜著圈子。連續七天七夜之後，牠們饑餓難忍，筋疲力竭，一大堆食物就在離牠們不到六英寸的地方，但牠們卻一隻隻的餓死了。

在這次實驗進行總結時，法布爾的筆記本裡有這樣一句話：「在那麼多的毛毛蟲中，如果有一隻與眾不同，牠們就能改變命運，告別死亡。」

毛毛蟲總是喜歡盲目的跟著前面的同伴爬行，科學家把這種習慣稱之為「跟隨者」

的習慣。他們最主要的失誤在於失去了自己的目標，只是依照習慣方式盲目行動，結果進入了一個循環的怪現象。

筆者所在的公司邀請美國人力資源專家為十幾名員工進行培訓，在員工培訓班開始時，老師先問了大家一個小問題：「你們說，開車的人進了加油站，最想完成的事情是什麼？」「加油！」超過一半的人都這樣回答。

從老師略顯失望的眼神中，大家看出這顯然不是他所期望的答案，所以又補充了「歇會兒」、「買吃的」等幾個答案，甚至連「上廁所」都想到了。筆者對美國人的思考方式略有了解，知道在這種情況下，「一加一」絕對不等於二，但琢磨來琢磨去，還是想不出標準答案。

只見專家做深思狀，繞著彎說：「如果我們今天人數足夠多的話，你們當中一定會有人告訴我，駕駛人進了加油站，最想早一點離開加油站，繼續他的旅程，不管是工作還是休閒。」

## 180 燈塔效應——管理大師杜拉克

對於一艘盲目航行的船來說，任何方向的風都是逆風。一個失去了共同遠景目標的企業，是沒有市場競爭能力的企業。

偉大的目標構成偉大的心靈，偉大的目標產生偉大的動力，偉大的目標成就偉大的人物。

管理大師杜拉克在《管理實踐》一書中，就指出了管理的五大基礎之一是制訂目標。他認為，管理者要完成的任務必須源自於公司的目標。所有組織都會因目標，和獲取目標成果的方式不同而有所不同。沒有一個遠景目標，企業就不會有長久的市場競爭力。只有找到戰略方針，才能在激烈的市場競爭中立於不敗之地。

# 181 跨欄定律——外科醫生阿弗烈德

阿弗烈德的外科醫生在解剖屍體時，發現一個奇怪的現象：那些患者器官並不如人們想像的糟，在與疾病的抗爭中，為了抵禦病變，它們往往比正常器官具有更強的機能。

阿弗烈德最早是從死者的體內取出腎時，發現那顆腎比正常的大；當他再去分析另外一顆腎時，發現另一顆腎也大得超乎尋常。他不斷發現包括心臟、肺等幾乎所有人體的器官都存在著類似的情況。

種現象稱為「跨欄定律」：豎在你面前的欄杆愈高，你跳得也愈高。其實，可以解釋生活中的許多現象。例如盲人的聽覺、觸覺、嗅覺都要比一般人靈敏；失去雙臂的人平衡感更強，雙腳更靈巧。所有這一切，彷彿都是上帝的安排，如果你不缺少這些，你就無法得到它們。

不少人認為天才或成功是先天注定的。但是，世上被稱為天才的人，肯定比實際上成就天才事業的人要多得多。為什麼？許多人一事無成，就是因為他們缺少雄心壯志、邁向成功的動力，他們不敢為自己制定一個高遠的目標。無論一個人有多麼超群的能力，如果缺少一個認定的高遠目標，也將一事無成。

182

## 電通原則——日本電通公司

若無聞一知十的睿智與才能，即需發揮聞一知一的注意力與責任感。

有一位年輕畫家，辦過多次畫展，並且幾次獲獎。有一次在朋友聚會上，有人問他：「你為什麼這麼年輕就取得了這麼多的成就呢？」

他微笑著說：「因為我很小的時候就專心於學畫，十幾年來始終如一。」

小時候，他的興趣非常廣泛，樣樣都會，並且還要求自己都要得第一。這當然是不可能的，於是他整天悶悶不樂，心灰意冷，成績也因此一落千丈，成績竟落到全班的最後幾名。

父親知道後並沒有責罵他，將一個小漏斗和一捧玉米粒放在桌子上。告訴他：「今晚，我要讓你做一個試驗。」父親讓他雙手放在漏斗下面接著，然後撿起一粒玉米粒投進漏斗裡，玉米粒順著漏斗滑到了他的手裡。父親投了十幾次，他的手中也就有了十幾粒玉米粒。然後，父親抓起滿滿一把玉米粒一下子放到漏斗裡，玉米粒相互擠著，竟連一粒也沒有掉落下來。

父親說：「這個漏斗代表你，假如你每天都能做好一件事，你每天就會有一粒玉米粒的收穫。可是，當你想將所有的事情都擠到一起做，反而連一粒玉米粒也得不到。」

## 183 古特雷定理——美國管理學家古特雷

每一處出口都是另一處的入口。上一個目標是下一個目標的基礎，下一個目標是上一個目標的延續。

一九八四年，在東京國際馬拉松邀請賽中，名不見經傳的日本選手山田本一，出人意料的奪得了世界冠軍。當記者問他為何可以取得如此驚人的成績時，他說了這麼一句話：憑智慧戰勝對手。

十年後，這個謎底終於被解開了，山田本一在他的自傳中這麼說：「每次比賽前，我都乘車將比賽的路線仔細看一遍，並將途中比較醒目的標誌畫下來，例如第一個標誌是銀行；第二個標誌是一棵大樹；第三個標誌是一座紅房子……這樣一直畫到賽程的終點。」

「比賽開始後，我以百米的速度奮力向第一個目標衝去，等到達第一個目標後，我又以同樣的速度向第二個目標衝去。四十多公里的賽程，就被我分解成幾個小目標輕鬆的跑完了。

在現實生活中，我們做事之所以會半途而廢，往往不是因為難度較大，而是覺得成功離我們較遠。確切的說，我們不是因為失敗而放棄，而是因為倦怠而失敗。

184

# 隧道視野效應

一個身處隧道中人，看到的只是前後非常狹窄的視野，這就是「隧道視野效應」。一個人是只看到眼前的比較直接的「小利益」，還是能將眼光放長遠一些，發現隱藏的「大利益」，將直接決定公司的成功。

某大公司要招聘一名總經理助理，廣告刊登後，履歷表如雪片般飛來。筆試那天，在公司會議室裡，眾考生個個躊躇滿志，胸有成竹，都表現出志在必得的信心。考試開始，主考官將試卷發給每一位考生，只見試卷上的題目是這樣的：

綜合測試題（限時三分鐘）

1. 請將試卷認真讀完。
2. 請在試卷的左上角，寫上尊姓大名。
3. 在你的姓名下面寫上中文拼音。
4. 請寫出五種動物的名稱。
5. 請寫出五種植物的名稱。
6. 請寫出五種水果的名稱。
7. 請寫出五座本國城市。
8. 請寫出五座外國城市。

……

不少考生匆匆看了一眼試卷，馬上就拿起筆，「沙沙沙」的開始作答，氣氛有些緊張及凝固。一分鐘……兩分鐘……三分鐘，時間很快就到了，除了有兩、三個人在規定的時間內交卷外，其他人都還忙著在試卷上作答。當主考官宣布考試結束，未按時交的試卷，一律作廢時，考場上像炸開了的鍋，只見主考官面帶微笑，「很遺憾！雖然各位不能進入公司的複試，但不妨都將手上的試卷帶走，做個紀念。聽完主考官的話，不少人拿起手中的試卷繼續往下看，只見後面的題目是這樣的：

19. 請寫出五個「認真」的同義詞。

20. 如果你已經看完了題目，請只做第二題。

在我們的生活中，類似這樣的考生有許多。他們只把視野局限在一張紙上的一個小範圍內，卻不去看一下整張紙的全部內容，或紙張以外的東西，致使他們只能看到紙上的東西，甚至是一小部分。

## 185 布利斯定理——美國行為科學家艾德·布利斯

用較多的時間為一次工作做事前準備，這項工作所花費的總時間就會減少。

世界上最可悲的一句話就是：「曾經有一個非常好的機會，可惜我沒有把握住。」遺憾的是，這種事情在許多人身上都發生過。其實，機會對我們所有人都是公平的，它可能降臨在我們每個人的身上，但前提是，在它到來之前，你一定要做好準備。沒有準備的行動只能使一切陷入雜亂無章，最終面臨失敗的局面。許多人都羨慕那些看起來似乎是一夜致富的人，感慨自己沒有得到那樣的機會。可是，大家都看到了他們成功的一面，卻沒有意識到在他們風光的背後，為達到目的所做的準備。

機會對於有準備的人來說，是通往成功之路的催化劑；但對於缺乏準備的人而言，卻是一顆包著糖衣的毒劑，在你還沉浸在獲得機會的興奮之中時，它可能會給予你致命的一擊。所以說，一個做好準備的人，就是一個已經預約成功的人。在工作中要時刻提醒自己，我準備好了嗎？我所做的準備是最適合我的嗎？我想當你得到的肯定答案愈多時，成功的可能性也愈高。

準備才是成功的保證！那麼，你做好準備了嗎？

## 186 蔡戈尼效應——心理學家蔡戈尼

人們之所以會忘記已完成的工作，是因為想完成的動機已經得到滿足；如果工作尚未完成，這同一動機便會使他留下深刻印象。

人們天生有一種有始有終的內驅力，有人非一口氣將事情做完不可。將過強的「完成內驅力」減弱，可以使人一面做事，一面享受人生樂趣。

心理學家說，人們天生有一種有始有終的內驅力，有人非一口氣將事情做完不可。一九二七年，心理學家蔡戈尼做了一個試驗：她讓一百三十八個兒童做一連串的工作，要求其中一半人將自己的事情做完，另一半則在中途停止。一個小時後，她測試的那些兒童有一百一十人對未做完的工作，比對已完成的工作記得更清楚。這個試驗的結論是：人們之所以會忘記已完成的工作，是因為想完成的動機已經得到滿足；如果工作尚未完成，這同一動機便使他留下深刻印象，這種心態就叫作「蔡戈尼效應」。

對多數人來說，趨合心理和蔡戈尼效應的組合是流暢、和諧的發揮作用。只是有些人會走向兩個極端：不是慢吞吞的永遠不能完成一件工作，就是非得一口氣將事情做完不可。這些人都需要調整他們的「完成內驅力」。

187

# 分馬啟示

將欲廢之，必固舉之；將欲奪之，必固予之。只有先付出，才能有收穫。

有一個財主臨終前告訴三個兒子，家裡有十七匹馬可當遺產，大兒子得二分之一，二兒子得三分之一，三兒子得九分之一。

十七匹馬的二分之一是八匹半，難道要殺掉一匹馬分馬肉嗎？三個兒子百思不得其解，於是請來村裡的智伯幫助解決難題。

智伯想了又想，終於找出了答案：他從自己家裡牽來了一匹馬湊成十八匹，大兒子得二分之一是九匹，二兒子分三分之一是六匹，三兒子分九分之一是二匹。九加六加二等於十七匹，還剩下一匹，就是智伯從家裡牽來的，自然又牽了回去。

這則故事中的深奧數學原理只能由數學家們去解釋，但它包含的生活道理卻給了人們深刻的啟迪。

現實生活中，這樣的例子比比皆是。自己先拿出「一匹馬」將問題解決，再牽回這匹「馬」，甚至更多的「馬」。將欲奪之，必固予之，適當的付出不僅讓你毫髮未損，還會獲得豐厚的回報。尤其是在關鍵點上的投入，更能發揮四兩撥千斤的作用。

## 188 藍斯登原則——美國管理學家藍斯登

走運時要做好倒楣的準備。進退有度，才不致進退維谷；寵辱皆忘，方可以寵辱不驚。

美國管理學家藍斯登有一個精彩的比喻：「當你在往上爬的時候，一定要注意保持梯子的整潔，否則，當你下來的時候可能會滑倒。」如果一個人在「往上爬」的時候就想到「可能滑倒」的後果，他就會時時注意保持「梯子的整潔」，避免因為小地方的疏失所造成的重大傷害。

帕金森說：「大多數組織在結構上像一座金字塔，當一個人向金字塔頂端爬去的時候，最重要的崗位愈來愈少。因此，一個剛被提升的管理者一定要特別謹慎小心，首先，他從前的多數同事深信自己應該得到這個職位，並且為自己沒有得到它而不快。但最重要的是：一個被提升的管理者，必須想盡辦法表現出謙遜，一定不能忘記他從前的共事者。」

早在先秦時期，老子就主張「不敢為天下先」，意思是不要與部屬爭名逐利，凡事搶先，否則必然失去部屬的支持，失去自己的地位，「金玉滿堂，莫之能守。」現代人確實應該仔細品味「不敢為天下先」的真諦，以減少人際間的傷害。

189

# 六度分離理論——美國社會心理學家米爾葛蘭

任何人之間都可能建立起連繫，只要你積極投入人脈經營。

馬克思哲學有句話：「世界是普遍聯繫的。」人與人之間也存在著某種千絲萬縷的聯繫。在茫茫人海中，一個人要聯繫到另外一個素不相識的人需要多少人，從感觀上覺得那難度簡直是與大海撈針無異。但透過科學實驗，我們得知任意兩人之間的最短距離都不超過五個人。

這個理論告訴我們，在事業上，我們常常後悔沒能認識一位有權有勢的人物；在學業上，希望能結識你所學領域的一位專家；在生活上，希望與你擦肩而過的一個街頭女孩發生點故事等等錯過的故事，以及沒有施行行動的恐懼和懶惰造成的。

這個理論叫做六度分離理論，是一九六七年美國社會心理學家米爾葛蘭提出的。理論的核心內容就是：「你和任何一個陌生人之間所間隔的人不會超過五個，也就是說，最多透過五個人你就能夠認識任何一個陌生人。」根據這個理論，你和世界上的任何一個人之間只隔著五個人，不管對方在哪個國家，屬哪類人種，是哪種膚色。

190

# 十羊九牧定律——隋書

「十羊九牧」出自《隋書．楊尚希傳》：「當今郡縣，倍多於古。或地無百里，數縣並置；或戶不滿千，二郡分領；縣寮以眾，資費日多；吏卒又倍，租調歲減；精幹良才，百分無二……所謂民少官多，十羊九牧。」一份統計資料說，一個官吏，漢代管理七千九百四十五人，唐代管理三千九百二十七人，元代管理二千六百一十三人，清代管理九百一十一人。這些統計數字的可靠性也許值得研究，但官冗之患確實日見其甚。

管理大師杜拉克舉過一個例子。他說，在小學低年級的算術入門書中有這樣一道應用題：「兩個人挖一條水溝要用二天時間；如果四個人合作，要用多少天完成？」小學生回答是「一天」。而杜拉克說，在實際的管理過程中，可能要「一天完成」，可能要「四天完成」，也可能「永遠不能完成」。

這正好驗證了管理學上著名的苛希納定律：如果實際管理人員比最佳人數多兩倍，工作時間就要多兩倍，工作成本就要多四倍；如果實際管理人員比最佳人數多三倍，工作時間就要多三倍，工作成本就要多六倍。這條定律是西方著名管理學者苛希納研究發現的，故得其名。

191

# 心理暗示效應

自我暗示是指自己接受某種觀念，對自己的心理施加某種影響，使情緒與意志對自我的生理或心理發生作用。他人暗示則是指諮詢者對來訪者施加的暗示。

根據暗示對人的作用，心理暗示又可分為積極暗示和消極暗示兩種。自我暗示是指自己接受某種觀念，對自己的心理施加某種影響，使情緒與意志對自我的生理或心理發生作用。他人暗示則是指諮詢者對來訪者施加的暗示。

心理暗示的消極作用有時會給我們帶來不良的影響。例如「假孕」，即有的女人結婚後很想懷孕，時間長了就產生了焦慮的情緒，十分害怕月經按時來潮使懷孕的希望落空。於是在這種心情的影響下，當自己月經過期還沒來，就覺得自己懷孕了，很快又覺得自己開始厭食，噁心、嘔吐、喜吃較刺激性的食物，於是到醫院就診。

其實，這種現象的出現是因為想懷孕的強烈願望及焦慮的心理因素，破壞了人體內分泌功能的正常運行，尤其是影響了下丘腦垂體對卵巢功能的調節，使體內的雌激素增高和排卵受到抑制，從而出現暫時的閉經現象。

心靈的力量是十分強大的，它既可以摧毀一個人，也可以拯救一個人，就看人們是抱著積極的心態還是抱著消極的心態了。

# 192 盧維斯定理——美國心理學家盧維斯

如果把自己想得太好，就很容易將別人想得很糟。

佛家常常告誡弟子，即使自己智慧圓滿，更應含蓄謙虛，像稻穗一樣，米粒愈飽滿垂得愈低。真正的智慧人生，必定要有誠意謙虛的態度。有智慧才能分辨善惡正邪，懂謙虛才能建立美滿人生。謙虛的極致是無我，因為你能縮小自己、放寬心胸、包容一切、尊重別人，所以別人也一定會尊重你、接受你。

美國心理學家盧維斯說過：「謙虛不是將自己想得很糟，而是完全不想自己。」在某些人的想法裡，謙虛是一種個人的壓抑，這其實並不正確。但如果你心裡完全有把握做好某件事，卻以「我真的沒把握將它做好」來掩飾自信時，也是一種矯情。

真正的謙虛不是一味的否定自己，而是對自己有合理清醒的認識。對自己有充分自信的人才懂謙虛，才能客觀的看見自己的缺點，對自己的優點也不會盲目誇大。當這種思想和作風成為一個企業文化不可缺少的一環時，這個企業才能獲得真正長遠的發展。

# 193 酸檸檬效應——西爾斯百貨公司總裁羅森華

如果你的手上有一顆酸檸檬，就做杯可口的檸檬汁吧！乾旱的沙漠中有半瓶水，悲觀的人說只剩下一半了，樂觀的人卻說還有一半呢！

有一次卡內基先生訪問芝加哥大學校長，他向校長請教處理憂慮的有效方法，校長回答：「我一直奉行西爾斯百貨公司總裁羅森華的建議——如果你的手上有一顆酸檸檬，就做杯可口的檸檬汁吧！」

但是，一般人卻往往反其道而行。如果某人發現命運送給他的是一顆檸檬，那麼他會立即放棄，並對自己說：「完了！我的命運太糟糕了！完全沒有希望了！」於是他開始和世界作對，沉溺於自憐自艾之中。但是如果命運將檸檬交給一個聰明人，他會問自己：「從這次的不幸中，我能學到什麼？在這次的經驗裡，我發揮了哪些優點呢？我應該如何才能改善目前的處境？如何才能將檸檬做成檸檬汁？」

逆境帶給人的挫折感固然會增添心靈上的痛苦。因此，掌握一套對付挫折的防衛方式，有助於恢復心理平衡。卡內基曾多次說過：「真正的快樂不見得是從享樂中得到，它多半是來自一種對困難的征服。」

194

# 章魚規則

漁民用繩子拴住小瓶子，沉入海底。章魚見到了小瓶子，都爭先恐後的往裡面鑽，不論瓶子多小、多窄。結果在海洋裡無往不勝的章魚，卻成了瓶子裡的囚徒。囚禁我們的不是別人，而是我們自己。

一隻章魚的體重可以達到七十磅，也就是將近三十公斤。三十公斤有多重？相當於三到五包水泥、一台電動跑步機的重量。

但是，這樣一個龐大的生物，牠的身體卻是非常柔軟，柔軟到幾乎可以將自己塞進任何地方。牠們最喜歡做的事情，就是將自己的身體塞進海螺殼裡躲起來，等到魚蝦游近時，再突襲牠們的頭部，注入毒液，使其麻痺而死，然後飽餐一頓。牠幾乎是海洋裡最可怕的生物之一。

是什麼囚禁了章魚？是瓶子嗎？不，瓶子放在海裡不會走路，更不會去主動捕捉。是章魚囚禁了自己，牠們朝最狹窄的路走去，不管那是一條多麼黑暗的路，即使是條死路。

我總覺得人生就像這樣，或許，我們一生都在竭盡全力避開那些妨礙我們的事物，但往往這些事物卻只存在於我們的想像之中，甚至有些是我們自己想像的產物，然而卻囚禁了自己。

195

# 洛克定律——美國管理學家艾德文·洛克

在實施目標時，只有當每個步驟既是未來指向，又是富有挑戰性的時候，它才是最有效的。

想要成功，首先要訂定一個奮鬥目標。但是，目標並非不切實際，愈高愈好，每個人都有自己的特點，有別人無法模仿的優勢。只有利用這些特點和優勢去訂定適合自己的目標和步驟，才可能取得成功。

洛克定律又稱作「籃球架」原理。你想過籃球架為什麼做成現在這樣的高度嗎？如果將籃球架做兩層樓那樣高，那麼誰也別想將球投進籃框，那還有誰來玩？反之，如果籃球架只有一個普通人的高度，任何一個人都能伸手灌籃，那也沒什麼意思。正是因為籃球架有一個只有跳躍才能碰得到的高度，才使得籃球成為一個世界性的體育項目。它告訴我們一個「跳躍、觸碰」的目標最有吸引力，對於這樣的目標，人們才會熱情的去追求。

在現實生活中，我們可以為自己訂定一個高目標，但也一定要為自己設定一個更重要的實施目標的步驟。千萬別想著一步登天，多為自己設定幾個籃球架，然後逐個克服，久而久之你會發現，你已經站在了成功之頂。

## 196 跳蚤效應

很多人不敢去追求夢想，不是追不到，而是因為心裡已經默認了一個「高度」。這個「高度」常常使他們受限，看不到自己未來的努力方向。

生物學家做過一個有趣的實驗：將一些跳蚤放進一只玻璃杯裡，發現跳蚤很輕易的就跳了出來，重複幾次，結果都是一樣。根據測試，跳蚤跳的高度為其身高的一百倍以上。接下來，實驗者將這些跳蚤再次放進杯子裡，同時在杯口加上一個玻璃罩，只見跳蚤重重的撞在玻璃罩上，但是跳蚤依舊不會停下來，因為跳蚤的生活方式就是「跳」。一次次跳起，一次次被撞，最後，跳蚤變聰明了，牠們開始根據玻璃罩的高度來調整自己所跳的高度。經過一段時間之後，這些跳蚤再也沒有撞擊到這個玻璃罩，而是在罩下自由的跳動。

幾天後，實驗者將玻璃罩拿掉，跳蚤不知道玻璃罩已經去掉，還是繼續跳躍。一週後，那些可憐的跳蚤還在這個玻璃杯內不停的跳動，而此時牠們已經無法跳出這個玻璃杯了！

後來，生物學家在玻璃杯下放了一個點燃的酒精燈。不到五分鐘，玻璃杯燒熱了，所有的跳蚤自然發揮求生本能，再也不管是否會被撞痛（因為牠們都以為還有玻璃罩），全部都跳出了玻璃杯，這就是著名的「跳蚤效應」。

## 197 傷痕實驗

這是由美國科研人員進行的一項心理學研究。實驗的目的是觀察外型對心理的影響程度。

研究團隊請了專業化妝師在志願者的臉上畫出怵目驚心的傷痕，妝畢之後，每位志願參加者都從小鏡子中看到化妝後的樣子，然後鏡子就被取走。接著，化妝師對志願者說，因擔心「傷痕妝」會化掉，所以得補上一層粉末，藉以鞏固效果。但其實，化妝師偷偷將之完全抹掉，每個志願者的面容其實與平日完全一樣，但他們以為自己臉上仍有「傷痕」。

然後不知情的志願者，被送往醫院的候診室，觀察外人對其面部傷痕的反應。實驗結束，每位返回的志願者當被問到外人對齊的態度反應時，竟然都不約而同敘述了同樣感受，他們表示，人們對他們的態度比以往無理、不友善，而且重要的是，總是盯著他們的臉看！

實驗很簡單，每個人的心裡像面鏡子，會將自我對外型的印象投映在外在的認知上，自己覺得美，認知就好；自己覺得有缺憾，就會以外型當原因，成了與外界接觸發生問題的藉口了。

198

# 杜根定律——美國職業橄欖球聯合會前主席杜根

強者不一定是勝者，但勝利遲早屬於有信心的人。想成勝者，先成強者。並不是因為事情難，我們不敢做；而是因為我們不敢做，事情才難的。

許多事情我們不敢做，並不在於它難，而是在於我們不敢做。其實，人生中有許多事，只要想做，並相信自己能成功，那麼你就能成功。對於那些評斷你不會成功的閒言碎語，你完全可以置之不理，甚至以行動來證明自己的能力。想著成功，你的內心就會產生無窮動力，無論遇到任何困難，都要堅信自己一定能成功，那麼，成功也會屬於你。

人生中有許多事只要想做，就能做到；想克服的困難，也都能克服，不需要什麼鋼鐵般的意志，也用不著什麼技巧或謀略。只要一個人還在樸實而有興趣的生活著，便能發現許多事情都是水到渠成的。

與生活中一些安於現狀，不思進取、害怕失敗的人一樣，永遠只能滯留在起點一樣。這些不願主動找座位的乘客，只能在上車時的落腳處一直站到下車。自信、執著、富有遠見、勤於實踐，會讓你握有一張人生之旅的永遠坐票。

國家圖書館出版品預行編目資料

心理定律：引爆人類智慧光芒的198個人性法則
／林懷恪作. －－初版. －－ 新北市：華志文化,
2014. 09
面；　公分. －－（全方位心理叢書；02）
ISBN　978-986-5936-92-1（平裝）

1.應用心理學　2.人性

177　　103014691

華志文化事業有限公司
系列／全方位心理叢書 002
書名／心理定律：引爆人類智慧光芒的198個人性法則

作者　林懷恪
執行編輯　林雅婷
美術編輯　簡郁庭
封面設計　葉若蒂
文字校對　陳麗鳳
企劃執行　康敏才
總編輯　黃志中
社長　楊凱翔
出版者　華志文化事業有限公司
電子信箱　huachihbook@yahoo.com.tw
地址　116台北市文山區興隆路四段九十六巷三弄六號四樓
電話　02-22341779
印製排版　辰皓國際出版製作有限公司

總經銷商　旭昇圖書有限公司
地址　235新北市中和區中山路二段三五二號二樓
電話　02-22451480
傳真　02-22451479
郵政劃撥　戶名：旭昇圖書有限公司（帳號：12935041）
電子信箱　s1686688@ms31.hinet.net

出版日期　西元二〇一四年九月初版第一刷
售價　一九九元

華志文化

華志文化